W0071044

LEBENDIGE VERGANGENHEIT

VOM ARCHÄOLOGISCHEN EXPERIMENT ZUR ZEITREISE

HERAUSGEGEBEN VON

ERWIN KEEFER

MIT BEITRÄGEN VON

ERWIN KEEFER, BASTIAN ASMUS, JÖRG BOFINGER,
SYLVIA CRUMBACH, GUNTRAM GASSMANN, WULF HEIN,
THOMAS HOPPE, JENS LÜNING, GUNTER SCHÖBEL,
CORNELIA SZELÉNYI UND JÜRGEN WEINER

THEISS

Sonderheft 2006 der Zeitschrift »Archäologie in Deutschland«

Frontispizabbildung:
Die Gruppe CARNYX – hier im Federseemuseum Bad Buchau –
ist nach einer keltischen Kriegstrompete benannt. Ziel der
Gruppe ist es, den keltischen Abschnitt der europäischen Vorgeschichte möglichst detailgetreu darzustellen und eisenzeitlichen Fundgegenständen durch eine lebensnahe Präsentation
ihren Kontext in der Alltagswelt der Kelten wiederzugeben.
Gut die Hälfte der Mitglieder der 1999 gegründeten Keltengruppe hat einen archäologischen Hintergrund, vom Restaurator bis zum promovierten Vor- und Frühgeschichtler.

Bibliografische Information Der Deutschen Bibliothek

Die Deutsche Bibliothek verzeichnet diese Publikation in
der Deutschen Nationalbibliografie; detaillierte bibliografische
Daten sind im Internet über http://dnb.ddb.de abrufbar.

Umschlaggestaltung: Gert Albrecht, Stuttgart
Umschlagabbildungen: Fast 40 000 Jahre alt – die älteste Flöte
der Welt (Landesmuseum Württemberg, Stuttgart); Nachbau
des Einbaums von Pesse (J. Breuker, Drents Museum, Assen,
NL); Herstellung von steinzeitlichen Zierscheiben aus Ehrenstein
(Landesmuseum Württemberg, Stuttgart); Keltengruppe Carnyx
(J. Rehmet, Carnyx)

© 2006 Konrad Theiss Verlag GmbH, Stuttgart
Alle Rechte vorbehalten
Die Herausgabe des Werkes wurde durch die Vereinsmitglieder
der WBG ermöglicht.
Produktion: Verlagsbüro Wais & Partner, Stuttgart
Gesamtherstellung: Himmer Druck und Verlag, Augsburg
Printed in Germany
ISBN-10: 3-8062-1889-7
ISBN-13: 978-3-8062-1889-3
ISSN 0176-8522

Inhalt

Vorwort

Als Hans Schleuning vom Stuttgarter Theiss-Verlag im Jahr 2000 mit der Idee auf mich zukam, einen Sonderband der »Archäologie in Deutschland« zum Thema des Experiments und der Lebendigen Archäologie zu verfassen, war unsere oberschwäbische Zweigstelle, das Federseemuseum, gerade um ein Freilichtgelände erweitert worden. Die auf Grabungsbefunden aus den Feuchtböden des Federseemoors errichteten Eins-zu-eins-Modelle stein- und bronzezeitlicher Moorbauten verlangten nach einer Dramaturgie der Bespielung, die sowohl archäologisch »wahrhaftig« und den urgeschichtlichen Kulturen vor Ort angemessen als auch attraktiv genug sein musste, um das Publikum für die Belange der Archäologie zu interessieren. Gelungen ist dies dank einer so engagiert wie professionell arbeitenden Mannschaft, die sich qualifizierter Archäotechnik bediente, aber auch dank lebendiger Museumspädagogik und der intensiven archäologischen Forschungen in Feuchtgebieten. So ergab es sich, dass an diesem Band etliche Autorinnen und Autoren mitgearbeitet haben, die dem Bau und der Programmatik dieses Archäoparks auf unterschiedliche Weise verbunden sind.

Besonders gefreut haben mich weiter die Zusagen von Jens Lüning und Jürgen Weiner, ihre großen Erfahrungen in diesen Band einzubringen. Ersterer ist ein hervorragender Kenner der Forschungen zur bandkeramischen Kultur und gleichzeitig ein Pionier der Experimentellen Archäologie in Deutschland. Jürgen Weiner beschreibt das für die Entwicklung der Experimentellen Archäologie geradezu paradigmatische Dechselexperiment von den tastenden Anfängen bis zu den heutigen aufschlussreichen Ergebnissen der spannenden Versuche. Welche kongenialen Präsentationen durch das Zusammenspiel von Forschung und Vermittlung im publikumsorientierten Museumsbetrieb möglich sind, wird am Beispiel des Pfahlbaumuseums Unteruhldingen deutlich. Sein Leiter, Gunter Schöbel, hat darüber hinaus mit großer Sachkenntnis die europäischen »Spielstätten« archäologischer Zeitreisen zusammengestellt.

Mein herzlicher Dank gilt nun natürlich allen Autorinnen und Autoren, ohne deren Mitwirken ein solch ambitioniertes und vielgestaltiges Buch nicht hätte zustande kommen können. Aber auch Bettina Gonser und Rainer Maucher vom Verlagsbüro Wais & Partner bin ich für ihre engagierte Redaktion und die überzeugende Buchgestaltung zu Dank verpflichtet, ebenso für die gute Zusammenarbeit dem Theiss-Verlag, hier vor allem in der Person von Jürgen Beckedorf, der die Fäden beim Entstehen des Werkes von Anfang an zusammenhielt.

Widmen möchte ich diesen Band meinem lieben Freund Friedrich Seeberger, von dem ich ungemein viel lernen durfte und dem ich immer wieder voll Spannung zuhöre und zuschaue: wenn er etwa die Funktionsweise indonesischer Kolbenfeuerzeuge oder die nicht ganz risikolose Materialbeschaffung für ein Didgeridoo aus Schäften des Riesenbärenklau erklärt – und natürlich, wenn er seinen Nachbau der eiszeitlichen Flöte aus dem Geißenklösterle spielt.

Juli 2006
ERWIN KEEFER

Zeitsprung in die Urgeschichte
Von wissenschaftlichem Versuch und lebendiger Vermittlung

VON ERWIN KEEFER

Geht man daran, der Geschichte der Experimentellen Archäologie und ihren vielfältigen Erkenntnisgewinnen auf die Spur zu kommen, sieht man sich bald mit der recht erstaunlichen Tatsache konfrontiert, dass der Begriff vor 40 Jahren so noch gar nicht gebräuchlich gewesen ist. Erst ab den späten sechziger Jahren des 20. Jh. ging man hierzulande daran zu definieren, was sich dahinter an wissenschaftlicher Ernsthaftigkeit und spielerischem Nachvollziehen verbirgt. Danach sollte es nochmals ein Vierteljahrhundert dauern, bis der wissenschaftlich besetzte Begriff »Experiment« durch die »Lebendige Archäologie« eine neue Bedeutung gewann. Deren Spielfeld stellt die große Öffentlichkeit dar. Urgeschichtliches Handwerk und wiedergewonnene technische Abläufe oder das Hantieren mit materialidentischen Repliken gehören heute ebenso zum erfolgreichen Repertoire der populärwissenschaftlichen Vermittlung wie das Zeitreise-Abenteuer in prähistorischer Kulisse.

Anfänge

Forschende Neugierde

Praktische Versuche, Nachbauten, Simulationen oder gar die lebendige Vermittlung urgeschichtlich-archäologischer Zusammenhänge findet man schon in der Archäologie des 19. Jh. Schließlich gehört seit Beginn der antiquarisch geprägten Beschäftigung mit der Prähistorie die Neugierde am technisch-handwerklichen Vermögen des urgeschichtlichen Menschen ebenso zum Kern der Fragestellungen wie die träumerische Imagination – der Wunsch, sich in die fernen Welten urgeschichtlichen Lebens einzufühlen.

Letztendlich gründet dies auf dem Bildungsverständnis eines aufgeklärten Kulturbürgertums und dem damit einhergehenden Zeitalter kritischer Natur- und Geschichtswissenschaft. Schließlich hatte man schon im frühen 19. Jh., vor allem aber ab der Jahrhundertmitte, jene weit hinter den schriftlich

→ Die Urschweizer – Bärenjäger in Strumpfhosen? Westschweizerische Pfahlbauertruppe aus Neuchâtel. Die historische Aufnahme stammt aus dem Jahr 1889.

↙ Blockhaus »kanadischer Art«. Im Jahr 1879 ließ es Frederik Sehested mit Steingeräten im dänischen Broholm bauen, um mehr über die Funktionsweise nordischer Flintbeile zu erfahren.

Kammerherr und Schuhfabrikant

1879 fertigte Niels Frederik Bernhard Sehested, Kammerherr und Magister der königlichen Jagd, auf seinem großen Anwesen im dänischen Broholm ein »Blockhaus in kanadischer Form«. Er verwendete dabei jungsteinzeitliche Flintwerkzeuge, deren Konstruktion auf regionalen Funden und ethnografischen Beschreibungen beruhte. Als archäologiebegeisterter, systematischer Sammler und Bearbeiter seiner Broholmer Funde tat Sehested dies aus der Neugierde heraus, wie die auf seinen Äckern und bei Grabungen zutage kommenden Steinartefakte geschäftet und verwendet werden konnten, ob sie auch etwas taugten und wie schnell sie verschlissen waren. Der reetgedeckte Blockbau im Park gehörte zum eigens gebauten, 1878 eröffneten Museum, in dem er seine mehr als 50 000 Objekte umfassende Sammlung unterbrachte.

Von Ferdinand Kellers Pfahlbau-Visionen im Buch, Unterrichtswandbild oder Mini-Modell war es für den Schweizer Schuhfabrikanten Bally in Schönewerd nur noch ein kleiner Schritt zum begehbaren Pfahlbaumodell: Das ließ er sich 1888 bei Aarau in der Ostschweiz auf seinem Grund errichten. Der Gesamteindruck seines idyllischen, auf einer niederen Plattform stehenden Dörfchens im Maßstab 1:2 wird dabei von Flechtwerkwänden, Ständerbauten und Strohdächern geprägt. Als erstes aller Pfahlbaumuseen hat es geradezu spielerisch das Zeitalter der Freilichtmuseen eingeläutet.

gen. Deren faszinierende Objekte aus »heidnischer Vorzeit« konnte man alsbald in den neu gegründeten archäologischen Abteilungen der Museen bewundern. In ihnen formulierten archäologisch ausgerichtete Antiquare und Kustoden über die Ordnung der Dinge die ersten wissenschaftlichen Ansätze des Faches.

Man verglich das Schriftlose zudem mit scheinbaren Analogien aus Volks- und Völkerkunde, analysierte die zutage gekommenen Materialien und beschrieb Funktionsmerkmale. Besonders Wissensdurstige versuchten sich am praktischen handwerklichen Ausprobieren der Faustkeile, Steinäxte und Bronzebeile.

Über das Bedürfnis nach Wissen um die eigene ethnische Herkunft, kulturelle Zugehörigkeit und Identität und das daraus formulierte Heimat- und Geschichtsbild entstanden neben vielen skurrilen Ideen auch erstmals plausible Vorschläge zu Simulationen und Rekonstruktionen.

Die den Riesen entwundenen Megalithbauten des Nordens und der Atlantikküste boten sich für praktisch-technische Fragestellungen zu Transport und Auftürmen der Findlinge ebenso an wie Faustkeile des Neandertalers, die erst als Menschenwerk erkannt werden mussten, bevor findige Köpfe die Originalformen nachschlugen und ihren Sinn und Zweck im Experiment erkundeten.

Ein voralpiner Pfahlbau nach den Vorstellungen von Ferdinand Keller: Dieses älteste begehbare Modell ziert seit 1888 den Bally-Park im ostschweizerischen Schönewerd.

überlieferten Zeitgrenzen liegenden materiellen Zeugnisse entdeckt, die es nun ihrem Alter gemäß wie regional zu ordnen und in ihrer Funktion zu definieren galt. Liebhaberei wandelte sich damals zur dauerhaften Beschäftigung mit den Denkmälern der Heimat.

Die Protagonisten finden wir in den zahlreichen Geschichts- und Heimatvereinen und ihren durch Ausgrabungen schnell anwachsenden Sammlun-

Pfahlbauten im glitzernden See

Ein äußerst fruchtbares Feld, das es mit Simulation und Zeitreise zu bestellen galt, boten die 1854 entdeckten schweizerischen Seeufersiedlungen. Der altertumsbegeisterte Ferdinand Keller, von Beruf Antiquar in Zürich, entwickelte praktisch aus dem Nichts heraus bestechende Rekonstruktionsideen von urzeitlichen Siedlungen auf Plattformen über dem Wasser der Voralpenseen. Seine assoziativ kreierten »Pfahlbauten«, wie er sie nannte, basierten auf formalen Südsee-Analogien und waren bevölkert mit wildromantisch ausstaffierten Urschweizern. Jagd, Fischfang, Netzflickerei, Töpferei und viel Müßiggang bestimmten diese Szenarien. Keller schuf so ein scheinbar zeitloses idealtypisches Bild der stein- und bronzezeitlichen »Pfahlbaukulturen«.

Begierig griffen Geschichts- und Altertumsvereine das Thema auf, um es zur Matrix der »protohelvetischen« Ursprünge zu verarbeiten. Beredte Zeugnisse für diese lebhafte, recht eigenständige Vereinnahmung sind insbesondere in der Schweiz, aber auch im deutschen Südwesten, bis heute Pfahlbauumzüge bei Festen aller Art, bevorzugt natürlich beim Fasching, bei Heimattagen und Kinderfesten geblieben. In üppigen wie derben Bildern träumt man sich in mehr oder weniger aktivem Rollenspiel in die fabelhafte Welt der Urahnen hinein. Hierfür wurden und werden – durchaus nicht immer forschungsresistent – Waffen und Schmuck, Kleidung, Wagen und Pfahlbauten ge-

fertigt, die einen sehr intensiven Eindruck von der vermeintlichen Urzeit hervorbringen.

Andererseits führte der ungeheure Reichtum an organischen Hinterlassenschaften bei Keller selbst zu ernsthaften Überlegungen hinsichtlich der Definition urgeschichtlicher Gerätschaften. Er versuchte sich in der prähistorischen Holzbearbeitung um zu beweisen, dass die Pfähle mit Stein- und nicht mit Metallbeilen zugerichtet worden waren. Die Idee, Herstellungs- und Verfahrenstechniken praktisch anzugehen, holte er sich wiederum aus ethnografischen Berichten über steinzeitliche Kulturen Neuseelands. Gleichzeitig wurde mit dem

Faschingsumzug mit Pfahlbauern, aufgenommen in Rorschach am Bodensee im Jahr 1889.

»Live dabei« – traditionelles Obsidianbohren in Nordamerika. Im Analogieschluss übertrug man gerne derartige völkerkundlich aufgezeichnete Herstellungsprozesse auf die heimische Archäologie, ohne deren Plausibilität am Artefakt tatsächlich geprüft zu haben.

Mister Fred Snare arbeitete zu Beginn des 20. Jh. als Feuerstein-Schläger in Brandon, Suffolk. Wir sehen ihn hier beim Zurichten eines Feuerstein-Rohstücks, aus dem er später vielleicht einen Faustkeil schlagen wird.

Ausprobieren von Bohrungen in Felsgestein und Nachbauten von Pfahlbaubögen begonnen. Erstmals ist zudem 1877 die experimentelle Herstellung von Birkenpech beschrieben worden.

»Living Science« in den Kinderschuhen

So vermitteln uns die ersten Jahrzehnte ur- und frühgeschichtlicher Forschung ein überraschend modern anmutendes Bild lebendiger Archäologiewissenschaft von der Steinzeit bis ins Mittelalter. Ohne weiteres könnte man ihm das Prädikat »Living Science« verleihen.

Leicht vergisst man dabei, dass die Altertumsforschung noch in den Kinderschuhen steckte und sich erst allmählich zu einer kritischen, Befunde dokumentierenden und interpretierenden Kulturwissenschaft entwickeln musste; wissenschaftliche Experimente als Bestandteil komplexerer kulturinterpretierender Fragestellungen gründen jedoch auf kontinuierlich betriebener akademischer Beschäftigung – sie waren schon allein deshalb noch nicht möglich. Vieles ist so in eigenem Auftrag zustande gekommen, die allermeisten Versuche und daraus gezogenen Schlüsse beruhen auf subjektiven, oft vorgefertigten Vorstellungen oder scheinbaren Analogien, wie urgeschichtliches Handwerk und Leben zu sein hatte. Und vieles ist schlichtweg nicht ausreichend dokumentiert worden, wie das Beispiel des ältesten erfolgreich verlaufenen Versuchs, im Rennfeuerofen »norisches Eisen« zu gewinnen, zeigt. Wir wissen heute lediglich noch, dass dies 1877 Gundaker Graf Wurmbrand in der Steiermark gelungen ist und hierbei »im Verlauf von 26 Stunden 12 Pfund brauchbares Schmiedeeisen« gewonnen wurden.

Ebenso gilt dies für einen von Ludwig Pfeiffer dokumentierten Schlagversuch in Brandon/GB, den er in seinem 1914 erschienenen grundlegenden Werk zur steinzeitlichen Technik erwähnt: »Unter Anleitung des Feuersteinschlägers Fred Snare hat Verfasser im Frühjahr 1911 versucht, selbst die großen symmetrischen Faustmesser von Chelles-Acheul anzufertigen. Herr Snare hat nach dieser Richtung schon seit Jahren experimentiert und gute Resultate erzielt. Einzelne Arbeiter in den Kiesgruben von Acheul haben es ebenfalls zu großer Fertigkeit gebracht.«

Schade, dass man nicht mehr über die Art des Zurichtens dieser großen Kerngeräte, Arbeitszeit sowie Menge und Art des dabei entstandenen Feuersteinabfalls erfährt. Dann könnten wir das heute wiederholen und unsere Schlüsse daraus ziehen. Doch die wissenschaftliche Nachvollziehbarkeit eines Experiments nahm man damals nicht so ernst, eher das Gelingen guter Stücke, die schnell ihre Abnehmer fanden.

Die Reise der Viking

Machen wir kurz einen Sprung in die Geschichte Norwegens. Die junge Nation berief sich kulturhistorisch gerne in direkter Linie auf die Wikinger und ihre phänomenalen Leistungen als Schiffsbauer und Seefahrer. Was lag da näher, als der ganzen Welt diese Qualitäten durch unmittelbare Anschauung im Kolumbusjahr zu demonstrieren? So entstand der zweifellos erste Nachbau eines hochseetauglichen norwegischen Wikingerschiffes – die »Viking«. 1893 segelte sie von Bergen über den Atlantik nach New York, von dort über den Hudson und die Großen Seen weiter zur Weltausstellung nach Chicago.

Kapitän Magnus Anderson brachte von der Reise aufschlussreiche Beobachtungen mit. So stellte er fest, dass sich der Nachbau des Gokstad-Schiffes selbst bei härtestem Seegang von nur einem Mann steuern ließ. Die elastischen Verbindungen von Planken und Spanten erwiesen sich als vorteilhaft, weil der Rumpf den Kräften des Wassers nachgab. Nur mit dem Rudern hatte die Mannschaft Probleme, aber das mag am mangelnden Training gelegen haben. Die »Viking« benötigte für die 4800 km lange Strecke im offenen Schiff nur 27 Tage. Seither gehören Segel- und Ruder-Experimente mit nachgebauten Booten und Schiffen aus Ur- und Frühgeschichte zum festen Inventar der Szene. Die Konkurrenz, ein von Spanien gestarteter Nachbau von Christoph Kolumbus' »Santa Maria«, brauchte die doppelte Zeit und musste schließlich mit Mann und Maus in den New Yorker Hafen geschleppt werden.

Zum 400-Jahr-Jubiläum der Entdeckung Amerikas überquerten die Norweger den Atlantik auf Art und Weise ihrer Urväter und erinnerten spektakulär daran, dass schon vor Kolumbus Europäer zur Neuen Welt vorgedrungen waren.

Vom Aufbruch ins Abseits

Prähistorie als Wissenschaft

Zu Pfeiffers Zeiten nahm die prähistorische Forschung in Deutschland nicht den von ihm vertretenen naturwissenschaftlich-empirischen Weg. Sie schlug eine andere Richtung ein, die seither mit dem Namen Gustav Kossinna und seiner sehr eigenen kulturhistorischen Interpretation der Bodenfunde verbunden wird. Er ging davon aus, dass sich historische Siedlungsgebiete wie z. B. die der Deutschen anhand des Sachguts bis in die Bronzezeit zurückverfolgen ließen. Ja selbst aus steinzeitlichen Formenkreisen versuchte man, »Germanisches« herauszulesen.

1902 erhielt Kossinna in Berlin die erste Professur für Prähistorie in Deutschland. Doch erst mit Beginn der Weimarer Republik begann sich hierzulande die Ur- und Frühgeschichte in größerem Maße als eigenständig forschende Disziplin in den Kulturwissenschaften universitär zu äußern, sie »professionalisierte«. So konnte man 1919 in Halle über Urgeschichte promovieren, 1930 war dies an immerhin 14 deutschen Universitäten möglich, 1928 wurde in Marburg der erste Lehrstuhl geschaffen. Zeitliche und räumliche Gliederungen des Fundstoffes erfolgten, wobei vor allem die Typologie den Rang einer eigenständigen Methode zugewiesen bekam. In erster Linie untersuchte man dabei Form und Machart, benamte daraus abgeleitete Kulturen und Gruppen und setzte diese gerne in Bezug zu Kossinnas kulturhistorischem Ansatz.

Methodisch neue Ufer

Naturwissenschaftliche Fragestellungen entwickelten sich außer in der eiszeitlichen Forschung, die ihre Wurzeln aus Geologie und Paläontologie herleitet, vorwiegend aus der den industriellen Torfabbau begleitenden Moor- bzw. Feuchtbodenarchäologie. Die vorzüglichen organischen Erhaltungsbedingungen führten insbesondere im Norden zur Erforschung von Bohlenwegen, Moorleichen und Textilien. Der Süden und hier vor allem Oberschwaben machte mit hölzernen Hausruinen aus Stein- und Bronzezeit auf sich aufmerksam, die einen gleichermaßen interdisziplinär angelegten Aufbruch zu neuen methodischen Ufern ermöglichten: Man entwickelte befundgerechte Grabungsmethoden und leistete moorgeologische Pionierarbeit. Hierbei führten Makrorestanalysen zu präziseren Vorstellungen über die Pflanzenwelt, der jungen Palynologie gelangen über den pollenanalytischen Nachweis von Waldbildern relative Datierungen der Torfe und damit auch erste zuverlässige Zuweisungen des Aufgefundenen in die vorgeschichtlichen Epochen.

In Norddeutschland resultierten daraus – aufbauend auf dem noch lebendigen traditionellen Textilhandwerk Skandinaviens – vergleichende Untersuchungen an bronzezeitlichen bis mittelalterlichen Textilien, den zugrunde liegenden Materialien und der Herstellung, des Zuschnitts oder auch der Färbung. Bereits Ende der zwanziger Jahre des 20. Jh. gab man in der schleswig-holsteinischen Tuchmacherstadt Neumünster der

Opferszene am Torfstich mit Trachten bronzezeitlicher »Germanen«, rekonstruiert aufgrund von Funden aus nordeuropäischen Mooren und im entsprechenden Zeitstil in Szene gesetzt.

Steinzeitjäger im Wilden Ried, Federsee 1919. Im Hintergrund das auf den ersten Grabungsbefunden im Moor errichtete Rechteckhaus.

Lebendige Archäologie 1928: Während der UFA-Produktion »Natur und Liebe« entstandene Gruppenaufnahme der Darsteller in Unteruhldingen am Bodensee.

Prüfen der Waffen.

Verlag „Ross" Berlin SW 68

handwerklich orientierten Textilforschung ein Zentrum, das bis heute existiert: das weithin bekannte Textilmuseum Neumünster. Oft in enger Zusammenarbeit mit dem dänischen Nationalmuseum Kopenhagen entstanden material- und herstellungstechnisch identische Nachbildungen, unter denen vor allem die rekonstruierten bronzezeitlichen Trachten hervorstechen.

»Haus im Wilden Ried«

In Süddeutschland entwickelte sich aus dem Aufbruch zu neuen Ufern ein sehr eigenständiges Bild der stein- und bronzezeitlichen Pfahlbaulandschaft. Den Beginn machte im oberschwäbischen Federseemoor das »Haus im Wilden Ried«, wo man bereits 1919 den ersten auf tatsächlichen Grabungsbefunden beruhenden Modellbau im Maßstab 1:1 errichtete. Er orientierte sich an den aktuellen Grabungsergebnissen des Urgeschichtlichen Forschungsinstitutes unter Federführung des jungen, in Tübingen promovierten Urgeschichtswissenschaftlers Hans Reinerth. Das im Aufgehenden heute als »idealtypisch« zu klassifizierende Rechteck-Haus der jungsteinzeitlichen Schussenrieder Kultur (»Nordische Mischkultur« laut Reinerth) spiegelt den Stand der damaligen Hausforschung wider. Anders als an den großen Voralpenseen mit ihren mächtigen Wasserstands-Amplituden hat man auf Niedermoor ebenerdig gebaut, dem trug das reetgedeckte Haus mit Vorplatz Rechnung.

Die Entdeckung der Medien und des Archäo-Tourismus

Nur zwei Jahre nach dieser ersten Fingerübung wuchsen in Unteruhldingen die unter der wissenschaftlichen Beratung des Tübinger Instituts um R. R. Schmid und H. Reinerth konzipierten ersten Pfahlbauten des 20. Jh. aus dem Flachwasser des Bodensees. Das fiktive Ensemble bestand aus Häusern der Federseegrabungen, die in Kellerscher Manier auf Plattformen gestellt waren. Sie entwickelten sich zum Renner sowohl für archäologisch Interessierte als auch für den aufblühenden Bodensee-Tourismus. Der Erfolg veranlasste die planende und bauende Firma des Tübinger Urgeschichtlichen Forschungsinstituts (UFI), eine eigene Modellwerkstatt zu gründen sowie Postkartenhefte und Lichtbilder herauszugeben.

Und auch die laufenden Bilder waren mit dabei: Das Haus im Federseeried wie die Bodensee-Pfahlbauten stellen die ersten überlieferten Drehorte für den frühen urgeschichtlichen Dokumentarfilm dar. Wie heute wieder, gehörte dazu nahezu zwingend das szenische »Reenactment«, wofür man die Häuser mit »Steinzeitmenschen« belebte. Es wurden Brot gebacken, Silex geschlagen, mit der Steinaxt hantiert, Keramik im Backofen gebrannt und am Gewichtswebstuhl Textilien hergestellt. Die Vorführung der scheinbar authentischen urzeitlichen Geräte, generell der vorgeschichtlichen Technologie, vermittelte sehr glaubwürdig Authentizität, was

Das archäologische Experiment

Seit Galileo Galilei (1564–1642) ist das wissenschaftliche Experiment aus der naturwissenschaftlichen Methodik nicht mehr wegzudenken. Sinn, Zweck und Verlauf sind bereits vorab genau definiert, lebt der Versuch doch von den Normen naturwissenschaftlicher Transparenz und Nachvollziehbarkeit: Er ist Prüfstein für Theorien und Hypothesen, aber auch Quelle für neue Fragestellungen.

Erkenntnistheoretisch kann er dazu führen, die Theorie zu verwerfen: Sie ist nur so lange gültig, wie es keinen experimentellen Befund gibt, der ihr widerspricht. Doch kann ein wissenschaftliches Experiment nicht beweisen, dass die Arbeitshypothese der Wahrheit entspricht: Wirklichkeiten im wissenschaftlichen Sinne sind keine Beweise für Wahrheit. Sie bestehen aus reproduzierbaren und quantifizierbaren Aussagen.

Als verbindliche Grundlage haben Experimente also Nachvollziehbarkeit, Wiederholbarkeit bei gleichen Resultaten, exakte Messung des Versuchsverlaufs, objektive Dokumentation und detaillierte Auswertung gemeinsam. Vorgehensweise und Apparaturen müssen den Anforderungen gemäß richtig gewählt sein. Die Ausführung bedarf größter Sorgfalt und kritischer Einstellung zur eigenen Arbeit. Experimente sind allein schon aufgrund der damit einhergehenden langwierigen Dokumentation und der zur Aufzeichnung benötigten Apparaturen eine äußerst zeitaufwändige Angelegenheit. Sie finden aus diesen Gründen so gut wie nie als öffentliche Vorführung statt.

Rekonstruktion und Lebenswelt

Die generelle Definition ist auch auf archäologische Experimente anzuwenden. Auch hier werden Hypothesen auf ihre Gültigkeit hin getestet, um sie mit einer möglichst hohen Wahrscheinlichkeit zu versehen, zu korrigieren, zu erweitern oder zu verwerfen. Eindeutige Beweise für bestimmte Vorgänge in vor- und frühgeschichtlicher Zeit kann die Experimentelle Archäologie nicht liefern.

Die wissenschaftliche Planung des Versuchs ist grundlegend für den Verlauf, der fachlich dokumentiert wird. Die Ergebnisse werden analysiert, die Resultate kulturgeschichtlich interpretiert und eingeordnet. Das Wiederholen eines kontrollierten Experiments, also das identische Nachstellen des Ablaufs mit ebensolchem Versuchsaufbau und allen sonstigen vorgegebenen Parametern, muss dabei zu denselben Ergebnissen wie das vorangegangene führen (siehe Kasten »Glänzende Feuersteine«, S. 28).

Als Ergebnisse können Rekonstruktionen und demnach plausible, aus Technik, Material und Vermögen heraus simulierte Objekte usw. entstehen. Sie besitzen so lange Wahrscheinlichkeit, auch damals in gleicher Weise gefertigt worden zu sein, bis ein experimenteller Versuch, ein neuer Fund oder ein Grabungsbefund dies widerlegen. Ergänzend führen gezielte Gebrauchsspurenanalysen zu schlüssigen Erklärungen für die Verwendung der Stücke.

Oft bilden Experimente die Grundlage etwa für archäotechnische Vorführungen oder noch komplexere Simulationen im Bereich der »Living History«.

Im Gegensatz zum Experiment, das offene Fragestellungen wissenschaftlich angeht, formuliert die Lebendige Archäologie Bilder und Lebenswelten, die als Wirklichkeit wahrgenommen werden. In der Vermittlung findet weder ein exakter Versuchsaufbau statt noch

wird dabei protokolliert, gemessen oder werden die verwendeten und hergestellten Produkte etwa auf Herstellungsspuren makroskopisch analysiert und protokolliert.

Vorführungen und Mitmach-Aktionen bauen jedoch häufig auf positiv vorgenommenen Experimenten auf wie z. B. dem Produzieren von Silexklingen mit Werkzeugen, die auf experimentellem Wege erschlossen worden sind. Gleiches gilt in viel komplexerem Rahmen etwa für die Herstellung eines Hauses. Es geht nun also nicht mehr alleine darum, einen ehemaligen Arbeitsvorgang in allen Einzelheiten nachzuahmen – man will ihn unter bekannten und messbaren Bedingungen vor unseren Augen lebendig werden lassen.

Archäotechnik

Die Experten der praktischen Vermittlung werden als Archäotechniker bezeichnet. Ihre Arbeitsweise orientiert sich eng an den Er-

Archäotechniker bei der Arbeit.

gebnissen des archäologischen Experiments sowie authentischer vorindustrieller Handwerkstechniken, eigenen Nachbauten und hiermit verwirklichten eigenen Versuchen.

Archäotechnische Vorführungen sind in Demonstration, Vermittlung und Simulation angelegt. Die Demonstration der Herstellung von Rekonstruktionen selbst wie auch deren funktionaler Einsatz ist eindrucksvolles Medium der Vermittlung bei Jung und Alt. Vorführen und Erklären einer Arbeitstechnik, verbunden mit dem Darlegen der archäologischen Grundlagen ist sehr spektakulär. Erst recht gilt dies, wenn das Gerät dann seiner Bestimmung entsprechend angewandt wird. Archäotechnik funktioniert über die Sinne: Gehör, Geruch, Fühlen bzw. Tasten, Sehen – und über das aktive Mitwirken der Besucher mit entsprechenden Materialien und Techniken unter Einbeziehung von Tun, Begreifen, Erleben, Gefühl, Emotionen usw.

Der Experte muss dabei zwingend über die archäologische Erforschung des Objekt-Umfeldes präzise Bescheid wissen, um seine Vorführung kulturgeschichtlich relevant zu gestalten. Oft kommt noch ein profundes Wissen von Handwerks- und Technikgeschichte als grundlegende Notwendigkeit dazu.

Ob Kelten oder Württembergs Könige – »Reenactment« lädt ein zur vergnüglichen wie lehrreichen Zeitreise.

nicht weiter verwundert, standen doch die verantwortlichen Prähistoriker als kompetente Berater
den Filmteams mit Rat und Tat zur Seite. Schon
recht früh also hat die heimische Prähistorie das
moderne Massenmedium als Mittel entdeckt, das
große Publikum mit von ihr selbst geschaffenen
lebhaften Bildern zu faszinieren. Und dieses war
interessiert. Das belegt der große Erfolg der Unteruhldinger Pfahlbauten: Hatte man in der ersten
Jahresstatistik 1925 stolze 9960 Besucher gezählt,
so waren es 1931 bereits rund 25 000 Interessierte.

Gleichzeitig hält die Ur- und Frühgeschichte flä-
chendeckend Einzug in Schule und Museum. Ziel
ist es, diese Epochen stärker zu profilieren, wobei
der heimatkundliche Ansatz deutlich im Vordergrund steht. Durch reformpädagogische Ansätze
geprägt, wird eine sehr anschauliche und auf praktische Umsetzung ausgelegte Museumspädagogik
angeboten.

Fast wie ein Projektleporello des 21. Jh. liest sich
denn auch der Museumsführer des Kölner Prähistorischen Museums aus dem Jahr 1922. In ihm wurden zehn verschiedene praktisch-technische Projekte angepriesen: »Feuersteinbearbeitung im Eis-
zeitalter; Technik der Töpferei; Entwicklung der
Spinn- und Webtechnik; Steinbewegung und Aufrichten der großen Steinhäuser; Bergbau und
Metallguss; Hausbau, Herd und seine Entwicklung;
Getreidemahlen in vorgeschichtlicher Zeit; vom
Einbaum zum Wikingerschiff.«

»Die Waffen immer griffbereit«

Die von Kossinna Ende des 19. Jh. erarbeitete
Methode einer kulturgeschichtlichen Deutung prähistorischer Bodenfunde in dem Sinne, dass sie sich
aufgrund ihrer Typologie, räumlichen Ausbreitung
und zeitlichen Gliederung mit historisch überlieferten Ethnien gleichsetzen lassen, mutierte alsbald
zur ideologischen Keule. Sie gipfelte im nationalsozialistischen Glaubenssatz, dass Germanen seit
jeher in Europa die Herren gewesen wären – selbst
die Jäger und Sammler der mittleren Altsteinzeit
blieben hiervon nicht verschont. Diese »Wahrheit«,
verbunden mit »germanisch-deutschen Tugen-
den«, wurde zur grundlegenden Prämisse des nationalsozialistischen Anspruchs an »Volk und Raum«.

Nun dienten die prähistorischen Zeugnisse zur
Konstruktion einer »völkischen« Ideologie. Aus
der bürgerlichen Publikumsorientierung wurde oft
allzu willig ein Vehikel nationalsozialistischer
Indoktrination mithilfe der gleichgeschalteten Institutionen Universität, Schule und Museum. Sie
betraf die gesamte Forschung und Vermittlung, die

Auswahl der akademischen Lehrkräfte und alsbald
auch die der Studierenden. Über den Vollzug
wachte der Reichsbund für Deutsche Vorgeschichte. In ihm hatte Hans Reinerth das Sagen, dem seine reichhaltigen Erfahrungen mit den Medien und
dem Museumspublikum am Feder- und Bodensee
zugute kamen. Dabei war dieses Amt nicht allein
für die Zensur zuständig. Unter dem Leitbild von
Führungsprinzip und urzeitlichem Herrenmen-
schen richtete es größere und kleinere Ausstellungen im gesamten Deutschen Reich aus, von denen
vor allem die »Lebendige Vorzeit«, 1936 in Berlin
gezeigt, von ihrer Publikumswirkung her perfekt
inszeniert war. Gekonnt wurden hier scheinbar
unanfechtbare didaktische Rekonstruktionen un-
ters Volk gebracht.

Die amtlichen Aufgaben schlossen auch Aufbau
und Programmatik von Freilichtmuseen mit ein. Es
galt dabei nicht, Experimente, Befundrekonstruk-
tionen, Theorien zum Werkzeugcharakter usw. kritisch zu hinterfragen und zu präsentieren, sondern
gegen die wissenschaftlichen Grundlagen voraus-
eilend Geräte, Häuser oder Kleider zum Beweis der
germanischen Überlegenheit zu konstruieren.

Oft wird in diesem Zusammenhang das 1938
gleichgeschaltete Pfahlbaumuseum in Unteruhldingen als Vorzeigeobjekt erwähnt. Weniger bekannt dürfte sein, dass damals drei weitere Freilichtanlagen des Reichsbundes ihre Tore öffneten:
»Haus und Hof« auf dem Lübecker Stadtwall präsentierte zwei stein- und eisenzeitliche Häuser. In
Oerlinghausen, auf das wir gleich zurückkommen

»Unsere Herkunft – unsere
Kultur«: Gesinnungsfeste
»Bronzezeit-Germanen« als
Idealbild des Deutschen im
Nationalsozialismus.

werden, baute man eine Germanensiedlung. 1938 folgte als Letztes die Anlage von Radolfzell-Mettnau am Bodensee, für die Baubefunde aus den Ausgrabungen Reinerths im Federseeried Pate standen. Als unmittelbar der Jungsteinzeit vorausgehend und sie prägend wurde dort das Reisighüttendorf einer mittelsteinzeitlichen Gemeinschaft sehr fantasievoll umgesetzt. Germanen gab es dieser Lesart nach schon in den jägerisch-sammlerischen Kulturen vor der Einführung des Ackerbaus, den Führer ebenso: Er residierte in einem »Führerhaus«, das, architektonisch aufwändig gestaltet, unter den Reisighütten hervorstach. Ein jungsteinzeitliches Gehöft schließlich, der jungsteinzeitlichen nordischen Kultur zugeschlagen, war auf der Mettnau mit einem bunten Gemisch aus archäologischen Objekten und volkskundlichen Analogien entlehnten »schönen« Dingen ausgestattet.

Im lippischen Oerlinghausen finden wir diese Art der »tümelnden« Bestückung auf die Spitze getrieben: »Die Betten waren nach volkskundlichen skandinavischen Vorlagen gefertigt. Insgesamt fanden sich Gegenstände versammelt, die von keltischen Objekten bis hin zu Nachempfindungen der alamannischen Funde aus Oberflacht reichten. Dazu eine hakenkreuzverzierte Stollentruhe, die als

Möbelstück so erst im 14. Jh. entwickelt wurde. Dass die Waffen immer griffbereit über dem Bett der Schlafstätte hingen, soll nicht vergessen werden. Das Stichwort lautete ,wehrhaftes Germanentum'. So wurde aus dem ,Germanischen Gehöft um die Zeitenwende' schnell ein ,germanisch-cheruskischer Grenzbauernhof der Varuszeit'« (Martin Schmidt, Leube 151). 1945 geschlossen, 1961 im alten Stil wieder eröffnet, brannte das Gehöft 1974 endgültig samt Einrichtung infolge Brandstiftung ab.

Neubeginn?

Zwischen Abenteuer, Sammeln, Ordnen und Bewahren

In Deutschland bestand aus sehr nahe liegenden Gründen nach Ende des Zweiten Weltkriegs und dem Untergang der Diktatur wenig Interesse an einer Lebendigen Archäologie. Zeitreisen waren out, ebenso Theorien und Hypothesen. Im prosperierenden Westdeutschland brach die Zeit des nüchternen Sammelns, Messens, Vergleichens und der antiquarisch ausgerichteten Materialvorlagen an, im Osten wurden die Produktionsgüter aus Ur- und Gentilgesellschaft unter ähnlichen Kriterien bearbeitet – man hatte sich selbst äußerst enge Hand-

Blick in das »Cheruskerhaus« im Freilichtmuseum deutscher Vorzeit Oerlinghausen 1936.

Kon-Tiki & Co. – Von Polynesien nach Niederösterreich

Keine zwei Jahre nach Ende des Zweiten Weltkriegs stach am 28. April 1947 von Peru aus ein Floß Richtung Polynesien in See. Es folgte dem Humboldtstrom, ließ sich von den Passatwinden leiten und strandete nach 101 Tagen und 4300 Seemeilen gesteuerter Fahrt im Korallenriff des Raroia-Atolls in Polynesien.

Thor Heyerdahls berühmt gewordene Pazifik-Reise auf der Kon-Tiki war nicht nur ein spektakuläres Abenteuer und mediales Weltereignis. Hinter dem waghalsigen Unternehmen des norwegischen Seefahrers stand die nur im praktischen Versuch zu prüfende Annahme, dass Polynesien von Südamerika aus mit einem Balsafloß zu erreichen gewesen sei. Sein Erfolg verifizierte die Hypothese über die Hochseetauglichkeit der Gefährte und ließ darüber hinaus alte Inka-Überlieferungen von westwärts segelnden Leuten wie auch polynesische Legenden über von Osten kommende hellhäutige Neuankömmlinge in einem neuen Licht erscheinen, das Linguisten, Realienkundler wie auch Molekularbiologen beschäftigte. Wenngleich hierdurch Heyerdahls mit der Fahrt verbundenen Besiedlungshypothesen viel an Relevanz abhanden kam, machte seine Expedition der Weltöffentlichkeit schlaglichtartig die Möglichkeiten des Experiments in archäologischen Fragestellungen bewusst. Der Dokumentarfilm über die Reise wurde 1951 mit einem Oscar ausgezeichnet.

Mikroskopie in Leningrad

Im sowjetischen Leningrad beschäftigte sich seit den vierziger Jahren des 20. Jh. der sowjetische Archäologe Sergej A. Semenov mit Material- und Funktionsanalysen prähistorischer Holz-, Knochen- und Steingeräte. Seine Feldarbeiten zur Sachkultur sibirischer Völker waren dabei ausschlaggebend, entdeckte er doch verblüffende Analogien in Form und Gebrauch dieser scheinbar »steinzeitlichen Objekte« mit seinen urgeschichtlichen Artefakten. Einen Großteil seiner der Kriminalistik stark verwandten Studien verbrachte er so am Mikroskop, wo er die Gebrauchsspuren alter und aktueller Geräte gleicher Form verglich. Spezifische Polituren, Kratzer, Aussplitterungen und dergleichen führten ihn zu einer erstaunlichen Anzahl funktional identischer Kriterien beider Artefaktgruppen. Die im Gebrauch entstandenen Spuren ließen sich sowohl im modernen als auch im alten Material arbeiten mit Leder, Knochen, Holz, Gräsern oder Getreide zuschreiben.

Semenov öffnete damit einen neuen Horizont der präzisen Ansprache urgeschichtlicher Artefakte. 1957 veröffentlichte er seine Forschungsergebnisse auf Russisch, erst 1964 erschien seine grundlegende Arbeit auf Englisch und wurde so dem westlichen Publikum bekannt. Heute gilt Semenov weltweit als Pionier der wissenschaftlichen Gebrauchsspurenanalyse zur Identifizierung prähistorischer Gerätetypen und Arbeitsweisen (siehe Kasten »Glänzende Feuersteine«, S. 28).

Das wohl berühmteste Experiment – die Kon-Tiki. Thor Heyerdahls wagemutige Fahrt mit dem Balsafloß von Südamerika nach Westen hat wissenschaftlich nachvollziehbar dargelegt, dass dies historisch so gewesen sein könnte, und damit die Suche nach historisch fassbaren Fakten ungemein belebt.

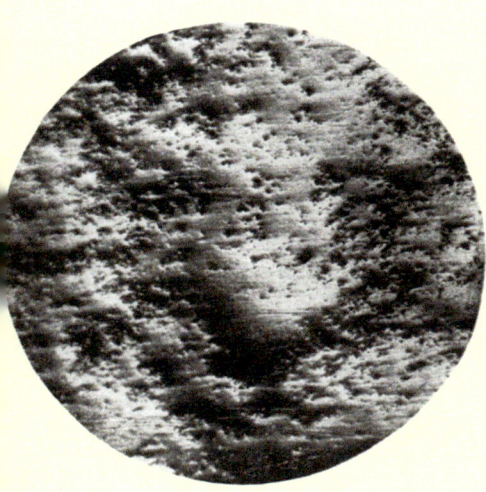

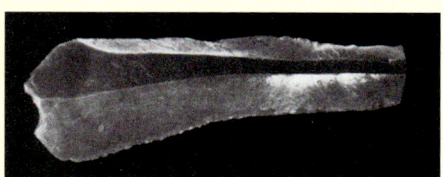

Gebrauchsspuren mithilfe eines Mikroskops zu klassifizieren, stellt heute ein unverzichtbares Mittel zur Bestimmung des Verwendungszwecks eines prähistorischen Gerätes dar. Als Erster beschäftigte sich damit der russische Archäologe S. A. Semenov.

Pädagogische Werkstätten

In Dänemark entstand in den fünfziger Jahren des 20. Jh. mit Ole Hansens pädagogischen Werkstätten eine ganz eigene Kombination von wissenschaftlicher Forschung und lebendig vermittelter Archäologie. Im bereits seit 1930 bestehenden bäuerlichen Freilichtmuseum Hjerl-Hede begann er 1956 mit der Verwirklichung seiner Idee des »experimentellen Freilichtmuseums«. Das große Gelände wird seither für Versuche und Experimente genutzt, man kann es aber ebenso als Besucher mit dem Einbaum erkunden oder gar in den Nachbildungen jungsteinzeitlicher Häuser den vorgeschichtlichen Alltag erleben – schließlich waren die Werkstätten von Anfang an auch zur pädagogischen Zeitreise geplant.

1964 folgte das archäologische Forschungszentrum Lejre bei Roskilde, das wohl bekannteste eisenzeitliche Zentrum für aktive Vermittlung urgeschichtlicher Thematik in Dänemark. Neben Hansen entscheidend an dessen programmatischer Ausrichtung beteiligt war auch Axel Steensberg, der schon in den fünfziger Jahren in Draved die ersten Langzeitversuche zu kontrollierten »Slash-and-burn«-Experimenten jungsteinzeitlicher Landwirtschaft initiiert hatte. Die damals mit Steinbeilen vorgenommene Rodung, das Brennen, Säen und Ernten lieferten erste zuverlässige Eckdaten zum Wald-Feldbau, die aktuell wieder großes Interesse finden. Als Direktor des dänischen Volkskundemuseums war Steensberg auch Gründungsmitglied des »International Secretariat for Research on the History of Agriculture Implements« und gehörte zu den Herausgebern der Zeitschrift »Tools and Tillage«.

Lejre hat sich dank seiner professionellen archäologischen und pädagogischen Planung zu einem der führenden Zentren der Experimentellen Archäologie wie auch der Vermittlung entwickelt, wozu nicht zuletzt die in regelmäßigem Turnus stattfindenden internationalen Tage zur Experimentellen Archäologie vieles beitragen.

In Niederösterreich freundete man sich in den späten sechziger Jahren des 20. Jh. mit der Idee Ole Hansens an. Franz Hampl, Direktor des Museums für Urgeschichte des Bundeslandes Niederösterreich, griff das Konzept der pädagogischen Werkstätten erstmals im deutschsprachigen Raum auf. Kombiniert mit dem Anspruch, befundgetreu und nicht idealtypisch zu rekonstruieren, entstand das Freigelände des Landesmuseums im Park von Schloss Asparn. Auch hier spielen neben der soliden fachlichen Vermittlung archäologische Experimente im Rahmen universitärer Kurse eine gewichtige Rolle. 1970 eröffnet, hat sich das Museum bis heute dank kontinuierlich betriebener Fortschreibung der ex-

Einer der ältesten Archäologieparks, das dänische Archäologiezentrum Lejre, aus der Vogelperspektive.

Archäologische Zeitreise für alle: Steinzeitleben in Hjerl-Hede.

Niederösterreichisches Landesmuseum Asparn: Tage der Lebendigen Archäologie vor dem rindengedeckten Flugdach, unter dem sich weitere Werkstattbereiche befinden.

perimentellen Thematik durch Helmut Windl seine Bedeutung für die Lebendige Archäologie erhalten.

Südengland – Butser Farm

Im südenglischen Hampshire wurde im Jahr 1970 vom Research Committee on Ancient Agriculture das »Butser Ancient Farm Project« ins Leben gerufen. Sein Leiter und ingeniöser Ideengeber Peter Reynolds stellte es ganz in den Dienst wissenschaftlicher Fragestellungen zu Hausbau und Landwirtschaft der Vorgeschichte. Bei seinen eisenzeitlichen Langzeit-Experimenten ging es Reynolds sowohl um Theorien zu individuellen Konstruktions- und Funktionsdetails der Bauten auf

Basis ergrabener Befunde als auch ganz praktisch um Statik, Nutzungsspuren, Haltbarkeit oder den Energieaufwand beim Heizen des Hauses. Die größte Herausforderung war jedoch, aus den spärlichen Informationen der »Spatenwissenschaft« plausible und haltbare Dachkonstruktionen der eisenzeitlichen Rundbauten zu entwickeln.

Ein zweiter Schwerpunkt des »Ancient Farm Project« lag im Feldbau, der Ernte und Lagerung des Getreides. Berühmt geworden sind die Kesselgruben-Versuche von Reynolds. Er fand dabei heraus, dass die runden, zylinder- bis trichterförmigen, oft auch »bikonischen« Vertiefungen als unterirdische Silos gedient hatten. Hierin war das Saatgetreide wohl ver-

schlossen von der Ernte bis zur Aussaat verwahrt worden.

1976 wurden die Versuchsanlagen durch die Einrichtung eines eigenen Besucherzentrums mit Freigelände strikt vom Publikumsverkehr getrennt. Sachgerechte Forschung, so die Erkenntnis, ist sinnvoll nur an anderer Stelle möglich als deren sachgerechte Vermittlung.

Butser Farm in England. Das öffentlich zugängliche Gelände mit dem eisenzeitlichen »Pimperine House«, Viehweiden und Werkstattbereichen.

lungsspielräume zur Bildung kulturhistorischer Hypothesen gesetzt.

Als einzige ehemalige Spielstätte des Reichsbundes blieb letztendlich nur das 1921 gegründete Unteruhldinger »Freilichtmuseum deutscher Vorzeit« übrig. Wie nahezu überall in den Museen der Nachkriegszeit waren die der Anschauung dienenden Objekte dieselben wie zuvor – man wechselte lediglich die Beschriftung. Auch die Bildwelt der Schulbücher rekrutierte sich noch lange aus dem Fundus der dreißiger Jahre – die bronzezeitlichen Schmiede und Krieger waren dieselben, wenngleich sie nun nicht als »wehrhafte Germanen«, sondern scheinbar wertneutral als »Menschen der Bronzezeit« agierten.

Ganz überwiegend spielte sich die eigentliche archäologische Forschung auf beiden Seiten des Eisernen Vorhangs am Schreibtisch oder im Labor nahezu unter Ausschluss der Öffentlichkeit ab, wobei auf vertiefende Objekt- und Materialkunde ein großes Augenmerk lag. Man wollte dem Material aus sich heraus auf die Spur kommen. Vermehrt wurde dabei auch der Weg der archäometrischen Grundlagenforschung mit chemischen, physikalischen und weiteren quantitativen Methoden beschritten. Hieraus entstanden Werke zu Herstellung, Form, Verbreitung und Funktion der Objekte, die erst lange danach für experimentell zu beantwortende Fragestellungen grundlegend werden sollten. Werkstoffkunde, verbunden mit technisch-typologischer Forschung am Objekt – so zu Legierungen, Guss, Treiben und Nachbearbeitungen von Bronzen – betrieben Ingenieurswissenschaften und Archäologie nun zunehmend in enger Kooperation. Hans Drescher vom Römisch-Germanischen-Zentralmuseum in Mainz schrieb hierzu 1958 in der Einführung seiner wegweisenden Publikation zum Überfangguss: »Die Arbeit wurde 1949 im Rahmen einer noch nicht abgeschlossenen Untersuchung zur bronzezeitlichen Technik begonnen. Ihr Ziel ist die Erforschung der zur Anfertigung der verschiedensten Geräte notwendigen Arbeitsgänge und -zeiten, der Modell- und Formarten der Werkzeuge und anderer Hilfsmittel.«

Die »neue« Archäologie

Methodisches Vorgehen
Ende der sechziger Jahre des 20. Jh. erreichte der archäologische Forschungs- und Bearbeitungsstand eine neue Dimension, die quellenkritische Fragestellungen überfällig werden ließ. Auch sorgten naturwissenschaftliche Messverfahren, allen voran die ^{14}C-Methode und die aufkommende Dendrochronologie, für neue Möglichkeiten der absoluten Datierung. Große Siedlungsgrabungen lieferten Datenmengen, die nicht nur eine neue Qualität fund- und befundtypologischer Systematik aufwiesen, sondern die regelhafte Einbeziehung von Nachbarwissenschaften wie Botanik, Zoologie oder Anthropologie erforderten. Gleichzeitig stellte die politische Öffentlichkeit konkrete Anforderungen an wissenschaftliche Relevanz und Legitimität der kulturwissenschaftlichen Forschung und hinterfragte erstmals auch den Sinn der mit Darstellung und Vermittlung beauftragten Museen.

Folge davon war, dass man sich – wenn auch zögerlich – zumindest an einigen deutschen Universitäten von der gängigen positivistischen Sicht auf die archäologischen Objekte zu lösen begann, um strukturierter und vor allem methodisch fundierter in der Archäologie zu arbeiten. Große Bedeutung kam dabei dem Einfluss der vorwiegend angelsächsischen Forschung zu, die eine stark ethnografisch-umweltdeterminierte Ausrichtung kennzeichnete, bei der die Simulation und auf Analogien gründende Experimente schon lange eine große Rolle spielten.

Neu war nun, dass man jetzt im Sinne einer kulturwissenschaftlichen Definition versuchte, über die artefaktbezogenen Ereignisse hinaus den Bedeutungsgehalt der Handlungen und ihre Wertigkeit im sozialen Gefüge der prähistorischen Gemeinschaften zu erfassen.

Hiermit begann eine bis heute nicht beendete Theoriediskussion. Grundlegende Frage dieser »New Archaeology« ist dabei geblieben, inwieweit aus den ethnografisch belegten Prozessen Schlüsse auf die nichtmaterielle Welt der Urgeschichte gezogen werden dürfen.

Das Experiment
Direkte Folge dieser ethnografisch ausgerichteten, Analogien interpretierenden Vorgehensweise in der archäologischen Wissenschaft stellte das gezielte Einbeziehen des Experiments dar – besaßen die ethnografisch gewonnenen Beobachtungen wissenschaftlich betrachtet ja lediglich hypothetischen Wert, der für die archäologischen Artefakte erst durch entsprechende Versuche Beweiskraft gewinnen musste. Dies darzustellen und gleichzeitig die vielfältigen Sparten aufzuzeigen, in denen das archäologische Experiment zum Verständnis der archäologischen Überlieferung bereits entscheidend beigetragen hatte, war Ziel der 1973 von John

Coles veröffentlichten »Experimentellen Archäologie«. Unter der Rubrik »Nahrungsproduktion« finden sich Versuche zum Feldbau vom Roden bis zur Ernte, zur Lagerung und Zubereitung sowie zu Verzehr und Nahrung. Ein weiteres Kapitel bildet die »Schwerindustrie« mit Hausbau, Erdarbeiten, Transport und Aufrichten von Steinen sowie den Schiffen und den damit unternommenen Reisen. Seine »Leichtindustrie« im Experiment umfasst Arbeiten mit Stein, Holz und weiteren organischen Materialien, Metalle, Häute, Leder, Textilien, die Herstellung von Tonwaren, das Malen und die Musikinstrumente.

Auch zeigte Coles Perspektiven und Zielsetzungen auf. Explizit mit Blick auf dänische und britische Beispiele wie Lejre und Butser Farm fordert er überregionale ständige Zentren, die als »Sammelstellen für Daten und andere experimentelle Arbeitsgebiete« dienen sollen. Nur hiermit sei eine wissenschaftliche Vertiefung und Kontinuität zu erreichen. Dann, so Coles, hätte die Experimentelle Archäologie nahezu unbegrenzte Möglichkeiten. Als ihm wichtige Felder der experimentellen Forschung nannte er »Qualifizierung von Grabungstechnik, Experimente zur Mobilität, prähistorische Töpfer, Leichenverbrennung …« Das zeigte Wirkung.

Labor Hambacher Forst

In der deutschen Archäologie wurde zwar nicht durchweg etwas aus dem geforderten Paradigmenwechsel, das Wesen des historischen Menschen als kulturwissenschaftliches Forschungsziel zu definieren. Dennoch wiesen die akademischen Laboratorien der Zeit zahlreiche Neuerungen und zukunftsorientierte Ansätze auf. Eine davon war, dass man – vergleichbar mit dem Experiment in den Naturwissenschaften – daranging, systematisch und unter kontrollierten Bedingungen archäologische Hypothesen zu überprüfen, um sich von traditionellen Ansichten zu trennen, die meist gewohnheitsmäßig mitgeschleppt wurden.

Vorreiter war dabei die Steinzeitforschung, die seit den siebziger und achtziger Jahren des 20. Jh. den Versuch und die Simulation als Bestandteil des umfassenden Prozesses der Interpretation der Befunde und Funde begreift.

Ideale Arbeitsbedingungen standen auf der Aldenhovener Platte im Rheinland zur Verfügung. Hier, am Rande des Braunkohlentagebaus, wurde unter Leitung des Kölner Prähistorikers Jens Lüning im Herbst 1970 im Hambacher Forst eine erste Versuchsanlage aufgebaut, die zur verbesserten Wahrnehmung und damit zum besseren Verständ-nis von Befunden aus umwallten und mit Graben umgebenen jungsteinzeitlichen Erdwerken diente. Konkreten Anlass boten die Entstehungsprozesse von Form und Füllung des umschließenden Grabens eines kurz zuvor ausgegrabenen jungsteinzeitlichen Erdwerks bei Mayen. Im Hambacher Forst konnte man nun systematisch testen, welche physischen Verwitterungsprozesse befundbildend relevant gewesen waren und welche Rolle Klima und Bewuchs dabei gespielt hatten. Dazu wurden ein Graben ausgehoben und ein Wall angeschüttet. Über mehrere Jahre hinweg verfolgten die Archäologen Senkungen und Rutschungen, nahmen in festgelegten Abständen Vermessungen vor und listeten Wetterbeobachtungen sowie Bewuchs akribisch auf. Auf diese praktische Weise der Simulation hat man, ganz im Reynoldschen Sinne, mehr über den angetroffenen Befund erfahren und Fragestellungen an kommende Ausgrabungen formuliert.

Fortgesetzt wurden die Versuche im 1973 eingerichteten Versuchsgelände Kinzweiler Forst der Stadt Eschweiler. Sie gründeten auf den im Vorfeld des Kohleabbaus der Aldenhovener Platte vorgenommenen großen archäologischen Flächengrabungen. Diese führten vor allem bei der Erforschung der ältesten Jungsteinzeit und damit der bandkeramischen Kultur zu neuen Hypothesen, so etwa hinsichtlich Gehöftstruktur, Siedlungskontinuität oder Feindatierung der einzelnen Häuser.

Aldenhovener Platte, Hambacher Forst. Pflügen mit Menschenkraft – gezogen wird ein rekonstruierter hölzerner Pflug.

Ein Großteil der Simulationen beruhte daher auf Fragestellungen zu relevanten Veränderungen an bandkeramischen Befunden. Spitzgräben, Kessel- und Längsgruben wurden nachgebaut und in ihrem Verfall beobachtet, zudem gelang die Verifizierung unterirdischer Backöfen, die den Grabungsbefunden gemäß in Gruben angelegt wurden.

Bei der damaligen Diskussion um die bandkeramische Landwirtschaft spielte auch die Hypothese über das Wanderbauerntum eine gewisse Rolle, das mit den sinkenden Erträgen auf ständig genutzter Ackerfläche begründet wurde. Die zu testenden Fragestellungen entwickelte eine Arbeitsgruppe, zu der wiederum Jens Lüning wie auch die Paläobotanikerin Jutta Meurers-Balke gehörten. Rückschauend befindet sie: »Es war nicht Ziel des Versuches, neolithischen Getreidebau zu imitieren, sondern einige Arbeitsprozesse und Vegetationsabläufe durchzuführen, die auf Hypothesen zum Ackerbau beruhen (...). Es besteht darüber hinaus die Hoffnung, aus den praktischen Erfahrungen heraus neue Hypothesen zu entwickeln.« Zum experimentellen Einsatz kamen prähistorische Techniken wie das Arbeiten mit hölzernen Handhaken oder das Ernten mit einem Handmesser aus Feuerstein. Versuche mit von Menschen gezogenen Holzpflügen erwiesen sich von der Bauweise des Artefakts her als wenig effizient, auch war das stark von Wurzeln durchzoge-

ne Erdreich hierfür überhaupt nicht geeignet. Wie bereits Steensberg hatten die Experimentatoren mit Unkraut und Verpilzungen zu kämpfen. Mäusefraß tat ein Übriges dazu, die angestrebte Saatgutvermehrung relativ bescheiden ausfallen zu lassen. Eines der Ergebnisse war denn auch, dass kommende Versuche weitaus größere Anbauflächen benötigen, um zu realitätsnäheren Ergebnissen zu gelangen.

Labor Oerlinghausen

Im damals an alter Stelle neu gegründeten Freilichtmuseum Oerlinghausen entstand 1978 als einer der ersten wissenschaftlichen Rekonstruktionsversuche ein Langhaus der Rössener Kultur. Es beruht auf einem gut erhaltenen Ausgrabungsbefund der mittelneolithischen Siedlung von Inden im Braunkohlegebiet der Aldenhovener Platte. Der mit dessen wissenschaftlicher Auswertung beauftragte Kölner Urgeschichtler Helmut Luley legte auf eine detaillierte Umsetzung der Grabungsergebnisse wie auch auf die Simulation des steinzeitlichen Handwerks großen Wert. Doch wurde mit dem Indener Nachbau nicht nur befund- und materialgerechtes Arbeiten ausprobiert, das Haus selbst ist als bewohnbarer Langzeitversuch angelegt worden. Es beantwortet bis heute Fragen zur Isolation, Wärmezirkulation und Luftführung, aber auch zur Statik der Konstruktion und

Das Langhaus der Rössener Kultur im Freilichtmuseum Oerlinghausen.

zur Haltbarkeit des Daches, die als Grundlage für weitere Nachbau-Experimente dieser großen mittelneolithischen Gebäude dienen.

Artefaktmorphologie und Speerschleuder-Schießen

Aus der Tradition des urgeschichtlichen Instituts der Universität Tübingen wie auch der französischen Urgeschichtsforschung und aus Elementen des angelsächsischen Theorieeinflusses einer »New Archaeology« heraus entstand die »Artefaktmorphologie« Joachim Hahns, ein regelrechtes Handbuch zum »Erkennen und Bestimmen von Steinartefakten«. Herstellung und spezifische Gebrauchsweise und damit auch Prozessketten, denen das Werkstück Feuerstein vom ersten Präparieren bis hin zum Abfallprodukt eines Stichelabschlages unterliegt, basierten dabei auf eigenen Versuchen. Verbunden mit Gebrauchsspurenanalysen lieferten sie die Grundlagen für weiterführende Untersuchungen am und mit dem Material. Bis heute ist dieses Arbeitsgebiet, das allgemein steinzeitliche wie ethnoarchäologische Objektforschung erfolgreich mit Gebrauchsspurenanalysen kombiniert, am Tübinger Institut insbesondere durch Harald Floss vorangetrieben worden und damit lebendig geblieben. Dank seiner Tätigkeit floss es nun in das neue Profil des Bachelor-Studiengangs Allgemeine Archäologie ein, sodass diese grundlegende Ausbildung auch künftig gesichert ist.

Eben dieses artefaktmorphologische und ethnoarchäologische Wissen, kombiniert mit großem technisch-praktischen Geschick, führte 1993 an der Universität Köln den Prähistoriker Uli Stodiek zu seiner akademischen Abschlussarbeit »Technologie der jungpaläolithischen Speerschleuder – eine Studie auf der Basis archäologischer, ethnologischer und experimenteller Erkenntnisse«. Mit seinen experimentellen Nachbauten des Jagdgeräts konnten Flugeigenschaften, Weite und Durchschlagskraft ebenso wie die Trefferquote exakt bestimmt werden (Beitrag Hein, S. 39 ff.). Spektakulär waren hier-

Ein toter Wisent im Dienste der Wissenschaft. Wie die Schussversuche mit der Speerschleuder ergaben, ist für die Eindringtiefe der Projektile neben der Aufprallenergie vor allem die spezifische Ausformung der Geschossspitze entscheidend.

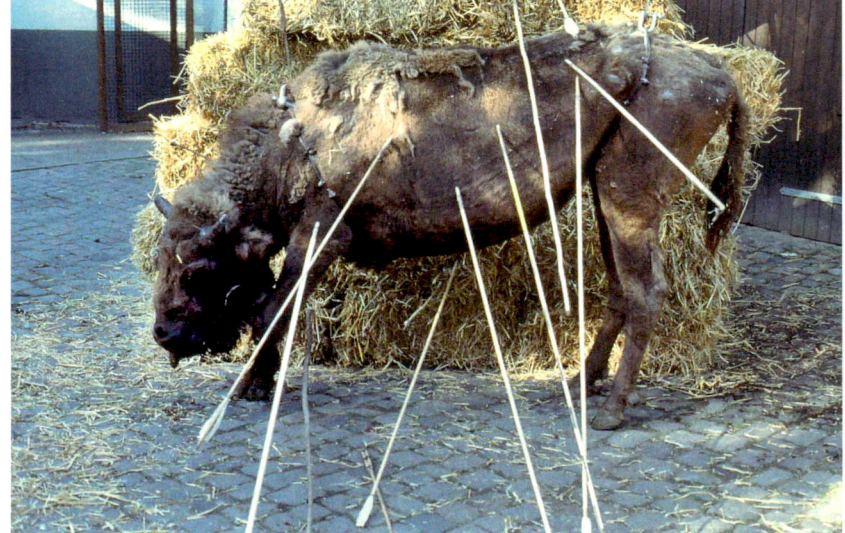

bei vor allem auch die Schussversuche auf Tierkörper wie das 1990 vorgenommene »Wisent-Experiment«. Es zeigte, dass einfache Geschossspitzen untauglich zur Jagd auf ein derart großes Wild waren – hatten sie doch eine zu geringe Eindringtiefe. Erst Geweihspitzen mit aufgesetzten Rückenmessern führten zum Erfolg. Neue Erkenntnisse erbrachte auch das anschließende »Damhirsch-Experiment«, in dem unterschiedliche Arten der Schäftung, Aufprallbeschädigungen sowie Eindringtiefen ermittelt wurden. Als Abschussvorrichtung diente eine stationäre Armbrust, die Geschwindigkeit des Geschosses wurde mittels Lichtschranke gemessen.

Bereits im Sommer 1987 fand auf Initiative Stodieks in Köln der erste Speerschleuderwettbewerb in Europa statt, beim Treffen 1990 wurde eine europäische Rekordweite von fast 181 m erzielt.

Vom Experiment zur Vermittlung

Ein Hauch von Reformpädagogik weht durch das Museum

Das heutige Wissen um neue »alte« Geräte wie die Speerschleuder, die Herstellung und Funktion von Feuersteingeräten, Schäftungstechniken und Effizienz von Steinbeilen oder die wohnklimatischen Grundbedingungen eines Steinzeithauses genauso wie Erkenntnisse zum prähistorischen Landbau wären ohne das Experiment, den praktischen Versuch, nicht denkbar. Über das bessere Verständnis der technischen Leistungen lernen wir auch die sich dahinter verbergenden sozialen und kulturellen Aspekte kennen. Als Teil des gesamten Interpretationsprozesses der archäologischen Überlieferung führt das Experiment so zu neuen Bildern und differenzierteren Modellen in der prähistorischen Forschung.

Sie dem Publikum zu vermitteln und in lebendiger Weise in populärwissenschaftlich durchgestaltete Themen umzusetzen, ist eine der Hauptaufgaben archäologischer Museumsarbeit. Mit den siebziger Jahren des 20. Jh. entdeckte die Museumspädagogik erfolgreich abgeschlossene Experimente und ließ deren Ergebnisse als vereinfachte Handlungsanleitung oder Werkzeug-Nachbau in ihre Vermittlungskonzepte einfließen – in Schul- wie Familienprojekten spürte man plötzlich wieder einen Hauch der zwanziger Jahre und ihrer Reformpädagogik.

Es war die Zeit des »Lernorts Museum«, der lebendigen, pädagogisch und fachlich fundierten Vermittlung der ausgestellten Objekte gekommen, indem man dem »mündigen Besucher« die heimische Archäologie auf neuen Wegen ganz praktisch nahe brachte (Beitrag Hein, »Ingolstadtexperiment«, S. 38 f.) Auch unternahm man nun wieder zu lehrplanrelevanten Themen einen Schulgang ins Museum, sei es zum »Urelement Feuer« oder zur »steinzeitlichen Feuerstein-Technologie«. Das Lernen fand zudem nicht mehr alleine an Museumsvitrinen statt: Feuermacher und Silexschläger garantierten attraktive Unterrichtsstunden zur Steinzeit, bei denen auch die Motorik und das Sozialverhalten der Schüler zum Tragen kamen.

Der Erfolg stellte sich schnell ein, boten diese Aktionen doch ein technisches wie sinnliches Mitmachpotenzial, das verglichen mit den oft muffigen Sammlungen einen konkurrenzlos attraktiven Weg aufzeigte, das Objekt über die handwerkliche Betätigung in seinem erweiterten Kontext verstehen zu lernen.

Lernort Museum. Das Mehrtagesprojekt mit pädagogischer und archäologischer Begleitung zur Lebensweise eiszeitlicher Jäger und Sammler diente auch der Annäherung an Technik und Material des Jungpaläolithikums. Das fertige Zelt wurde später in die Dauerausstellung des Landesmuseums Württemberg in Stuttgart eingebaut.

Ausstellung mit Folgen

1990 wurde in Oldenburg von Mamoun Fansa, dem damaligen Oberkustos und späteren Direktor des Museums für Natur und Mensch, eine Sonderausstellung eröffnet, die – wie das Buch von John Coles – lapidar »Experimentelle Archäologie« hieß. Fansa und seine Mitstreiter hatten mit diesem bilanzierenden wie Wege weisenden Projekt den Zeitgeist voll getroffen. 14 Jahre lang ist die Ausstellung samt didaktischem Begleitprogramm durch Deutschland und das angrenzende Ausland getourt, mit mehr als 500 000 Besuchern hat sie alle Erwartungen weit übertroffen und als großartige Werbung für die Lebendige Archäologie fungiert.

Fansa verstand dabei unter »Experimenteller Archäologie« weit mehr als die reine wissenschaftliche Beschäftigung. Unter dem griffigen Schlagwort schuf er auch der Vermittlung ihren legitimen Platz. In der AiD (1/93, 19) erläuterte er dies so: »Zusammenfassend lassen sich die positiven Begleiterscheinungen der aktuellen Beschäftigung mit der Experimentellen Archäologie folgendermaßen darstellen: Eine rege Diskussion über die Experimentelle Archäologie, ihre Möglichkeiten, Grenzen und verschiedenen Einsatzbereiche ist in Gang gekommen. Wichtig ist die fächerübergreifende Zusammenarbeit, insbesondere zwischen Völkerkunde und Vorgeschichte (Ethno-Archäologie). Hier muss versucht werden, den Dialog mit den verschiedenen Disziplinen am Leben zu erhalten, um langfristig davon zu profitieren. Positiv ist die Rolle der Museumspädagogen bei der Vermittlung der Experimentellen Archäologie in der Öffentlichkeit.«

Zur Verstetigung dieses Dialogs gründete er zudem einen nur lose an die Wanderausstellung an-

Feurige Werbung für die Ausstellung »Experimentelle Archäologie in Deutschland« in Oldenburg 1990. Als eindrucksvolles Motiv hat man den nächtlichen Betrieb eines rekonstruierten eisenzeitlichen Rennofens gewählt.

gebundenen Arbeitskreis, der im Laufe der Jahre zu einem bedeutenden Forum für Experiment und Vermittlung geworden ist. Noch heute treffen sich hier nahezu jährlich Archäologen, Archäotechniker, Museumspädagogen und weitere Interessierte, um ihre aktuellen Arbeiten vorzustellen und darüber zu diskutieren. Die regelmäßig veröffentlichten »Bilanzen« geben hierüber immer wieder mit Gewinn zu lesende Rechenschaft ab und zeigen zudem, welche Kontinuität und Bandbreite Vermittlung und Experiment in der Archäologie zwischenzeitlich auch in Deutschland erreicht haben. Fragen nach den Standards, Qualitätssiche-

⬃ Auf der Saffainsel am Züricher Mythenquai wurden 1990 nicht nur neue, auf aktuellen Ergebnissen der Feuchtbodenarchäologie basierende Dorfausschnitte modellhaft nachgebaut. Man wagte darüber hinaus, die Bewohner wieder in Szene zu setzen. Hierbei knüpfte man mit der Weberin am heimischen Herd (unten links) und der Einbaumgruppe auch an die zwanziger Jahre an. Gleichwohl wird am Abgleich der Inszenierungen (siehe S. 13) deutlich, dass sich die Botschaften geändert haben.

»Erste Bauern« in Zürich

1990 fand im Züricher Landesmuseum die große, international bedeutende Ausstellung »Erste Bauern« statt. Ihren praktischen Part hatte sie im stein- und bronzezeitlichen »Pfahlbauland«, das sich am Zürichsee-Ufer und davor auf künstlich aufgeschüttetem Gelände ausbreitete. Hier, auf der »Saffa-Insel« am Mythenquai, entstanden jungsteinzeitliche Hausbauten, die im Vorfeld der Ausstellung mit teils experimentellen Mitteln errichtet worden waren. Doch bereits kurz nach der Eröffnung brannten sie ab. So konnten die Besucher dann während der Öffnungszeiten sowohl die Ausgrabungen in den Ruinen wie auch den erneuten Nachbau der Anlage erleben. Einbaumfahren und Vorführungen zu stein- und bronzezeitlichem Handwerk und Technik wie auch sich daraus ableitende museumspädagogisch betreute Mitmachaktionen gehörten zu den Standards der Vermittlung – und man traute sich erstmals in größerem Umfang wieder an das lange Jahre gemiedene »Reenactment«.

→ Idyllischer Blick in die
gute Stube. Die Inszenie-
rung des Alltags der Pfahl-
baukinder und ihrer Mütter
traf die Erwartungshaltung
der kleinen und großen
Besucher zu Beginn der
neunziger Jahre perfekt.

↘ Züricher Pfahlbauland
abgebrannt. 1990 konnten
die Archäologen in den
modernen Brandschichten
der Zürcher Saffainsel zu
Analogieschlüssen über
ihre neolithischen Ausgra-
bungsbefunde gelangen.

Glänzende Feuersteine – Zur Klärung eines Phänomens

Bereits aus dem 19. Jh. stammt die Beschreibung, dass manche Feuersteingeräte im Schneidenbereich einen gut sichtbaren Glanz aufwiesen, der nicht zufällig entstanden sein konnte. Es gab spekulative Erklärungsversuche, die über Fell- und Lederbearbeitung bis hin zum Sägen unterschiedlicher Materialien reichten, da viele Stücke gezähnt waren. Im Jahr 1892 versuchte F. Spurell zum ersten Mal, das Phänomen auf dem Wege des Versuchs zu deuten. Er kannte altägyptische Sichelfunde, bei denen das gesamte Gerät erhalten geblieben war, also der Holzkörper samt den darin eingereihten Feuersteinen mit ihrem eigenartigen Glanz.

Warum also sollten die steinernen Klingen aus europäischen Fundstellen nicht ebenfalls Bestandteile von Sicheln gewesen sein? Um seine Überlegungen zu bekräftigen, experimentierte Spurell mit ägyptischen und anderen Flintvarietäten, indem er sie an verschiedenen Materialien testete. Seine Aufzeichnungen belegen, dass er diesen Glanz beim Schneiden von reifem Stroh erzielte, das Sägen von Knochen, trockenem und feuchtem Holz und Geweih dagegen keine derartigen Spuren hervorbrachte. Sein Fazit war,

dass Klingen mit Kantenpolitur generell Teil eines Erntegeräts zum Getreideschneiden darstellen – also Bestandteile von Sicheln waren.

Neue Tests, neues Ergebnis

1930 lebte die Diskussion wieder auf, ob Arbeiten mit Holz und Getreide nicht doch ganz ähnliche Gebrauchsspuren hinterließen. Cecil Curwen kannte durchaus die ägyptischen Sichelklingen, die meist bis an die geschäftete und damit geschützte Partie heran vollkommen von Glanz überzogen waren, doch lagen ihm auch britische Stücke vor, die nur der schneidenden Kante entlang einen schmalen glänzenden Streifen aufwiesen. Seine bis 1935 unternommenen Versuche zeichnen sich durch experimentelle Gründlichkeit wie Einfachheit aus: Er nahm modern geschlagene Silexklingen aus unterschiedlichen Rohmaterialien und ließ sie automatisiert an einer Drehbank 30 Minuten bei ca. 3000 Umdrehungen/min in Eiche, Knochen und Flaschenstroh schneiden.

Bei Stroh entstand ein breites, diffuses Band auf dem einen, ein weniger deutliches Band auf dem anderen Flinttyp. Knochen verur-

sachte lediglich Aussplitterungen. Das Schneiden in Holz hinterließ jedoch ein klares, schmales Band an der Klinge. Curwen folgerte hieraus, dass nicht jede »Sichelklinge« als Sichel geschäftet worden war und auch Holz recht ähnliche, bei genauer Beobachtung aber durchaus zu unterscheidende Spuren aufwies. Derartige eng begrenzte Polituren konnte er zudem an Flintäxten feststellen. Offenbar waren sie durch häufigen Gebrauch beim Baumfällen entstanden.

Wenngleich von Spurell eher autodidaktisch begonnen, erfüllte die Erforschung des »Sichelglanzes« dank Curwen jene Standards, die für eine nachhaltige praktische Forschung die Voraussetzung bilden.

Seine Angaben sind klar und sachlich gehalten, sodass man das Experiment auch heute wiederholen könnte und wohl zu denselben Ergebnissen käme. Erst der Gebrauch von Mikroskopen und Elektronenmikroskopen ab den siebziger Jahren des 20. Jh. brachte die Diskussion um die glänzenden Gebrauchsspuren und deren Entstehung dann entscheidend weiter und gab ihr einen anderen Schwung, weg vom Empirischen hin zum Erklärenden.

Ägyptische Sicheln – Urobjekte aller Überlegungen zum Sichelglanz auf Feuersteinklingen.

rung und internationale Vernetzungen gewinnen dabei in den vergangenen Jahren zunehmend an Gewicht.

Rückschauend hat Fansas »Experimentelle Archäologie« sehr vieles in Forschung und Praxis in Bewegung oder erst auf den Weg gebracht. Gerade dank ihrer großen Popularität kam es in Folge zu einer zunehmenden Verwischung der Begriffe: Zwar beruhen professionelle Vorführungen zur Urgeschichte oder durch ausgewiesene Experten veranstaltete Zeitreisen, wenn sie ernst genommen werden wollen, in Teilen durchaus auf einer im Experiment positiv getesteten Fragestellung. Lebendige Vermittlung zeigt jedoch nie den kompletten mühsamen Ablauf eines Experiments samt der entsprechenden personal- wie zeitaufwändigen Dokumentation. Sie ist ihrer Aufgabe entsprechend immer verkürzt auf die verständliche Demonstration des Vorgangs, sei es für die festgelegte Zeiteinheit einer Unterrichtsstunde oder eines Ganztages-Projekts. Vor allem aber formuliert man durch Vermittlung an ein Publikum Bilder und Lebenswelten, die von ihm als Wirklichkeit wahrgenommen werden.

Von der Handlungs- zur Besucherorientierung

Heute gehört die Lebendige Archäologie dank Museumspädagogik und Archäotechnik zu den Grundelementen nahezu jeder musealen Einrichtung, die vorgeschichtliche Objekte ihr Eigen nennt. Ein weit gefächerte, erfolgreiches Repertoire technischer Demonstrationen ist daraus entstanden. Dazu gehören die Produktion von Silexklingen, das Präparieren des Kerns, die Demonstration des weichen und harten Schlags genauso wie das Herstellen einer Pfeilspitze samt Schäften zum Pfeil und – wenn eine Wiese oder gar ein Park zum Museum gehören – natürlich als Höhepunkt das Bogenschießen. Man traut sich wieder an textilkundliche oder archäometallurgische Vorführungen, an Gewichtswebstuhl und Brettchen. Auch das Hantieren mit Pflanzenfarben, Flachsbrechen und -spinnen, das Gewinnen von Weicheisen in Rennfeueröfen oder das Bronzegießen, in Ganztageskursen wie beim jährlichen Museumsfest angeboten, finden großen Anklang beim Publikum (Beiträge Asmus, S. 94f., und Crumbach, S. 96f.).

Ein eigenes, für sie geschaffenes Spielfeld hat die lebendige Vermittlung mit der Gründung zahlreicher Freilichtmuseen erworben. Etwa 50 derartige Anlagen stehen derzeit in Deutschland, mehr als in irgendeinem anderen Land auf der Welt (Museums-

teil Schöbel, S. 98ff.). Die Anlässe für ihre Einrichtung sind so unterschiedlich wie ihre Konzepte. Die Bandbreite des Dargebotenen reicht von bestenfalls idealtypisch zu bezeichnenden Hausbauten, die ein Gefühl von Urzeit suggerieren sollen, bis hin zu befundgetreuen Nachbildungen prähistorischer Bauten, wie in Hitzacker, Oerlinghausen, Unteruhldingen oder Bad Buchau (Beitrag Schöbel, S. 69ff.).

Gleiches trifft auf die Qualität und Originalität der lebendigen Vermittlung zu. War dabei noch vor kurzem der erzielte Bildungseffekt im »Lernort Museum« entscheidend, spielt heute für die Bewertung des Erfolgs eindeutig die Anzahl der Besucher die ausschlaggebende Rolle. Es gilt nun, die beiden Pole Bildung und Unterhaltung gekonnt und profund zu verbinden, sowohl seriöser Standort einer lebendigen Kulturwissenschaft zu sein als auch, sich als erfolgreicher Anbieter im Pool der um die Gäste kämpfenden Freizeitindustrie zu behaupten.

Ein schneller Wechsel der Ausstellungsthemen samt möglichst lebendiger wie einmaliger Sonderaktionen und zunehmend Wochenend-Events sind die Folge. Das Angebot nimmt ständig zu, archäologische Museen und vor allem die meist im ländlichen Raum angesiedelten Freilichtanlagen stellen ein gerne angenommenes Ausflugsziel in unserer Freizeit- und Erlebnisgesellschaft dar.

Ein spielerischer Umgang mit der Urgeschichte inmitten steinzeitlicher Kulisse ist nur im archäologischen Freilichtmuseum möglich und gehört – wenn professionell vermittelt – zu den unvergesslichen Erlebnissen für die ganze Familie.

Die Dechsel – ein steinzeitliches Gerät

Schleifstein, Pflugschar, Keil oder Beil? Über etwa 50 Jahre des 20. Jh. erstreckt sich die Diskussion zum Verwendungszweck geschliffener alt- und mittelneolithischer Großgeräte aus Felsgestein, die zeittypisch als »Schuhleistenkeil« bzw. »Flachhacke« bezeichnet wurden. Dabei war es zu Beginn allem Anschein nach unstrittig, dass es sich um Geräte für die Landwirtschaft handeln musste. Offen war lediglich die Frage, ob es Funktionsenden von Feldhacken (»Hacktheorie«) oder Pflugscharen (»Pflugtheorie«) waren. Diese Hypothesen wurden durch zahlreiche praktische Versuche getestet. Erst nach weiteren Experimenten in den frühen sechziger Jahren setzte sich endgültig die Meinung durch, dass beide Geräteformen ausschließlich zur Holzbearbeitung dienten.

1914: Praktische Versuche mit Pflügen

Ein erstes Experiment wurde im Jahre 1914 von P. Quente vorgestellt. Er versuchte, anhand bestimmter Gebrauchsspuren an steinzeitlichen Querbeilklingen aus Feuerstein und Felsgestein (so genannten Dechselklingen) deren Verwendungszweck als Erdhacken glaubhaft zu machen. Hierzu fertigte er verschiedene hölzerne Hackenschäfte an, in die Originalartefakte eingesetzt wurden, und ließ damit den Boden bearbeiten. Die Ergebnisse waren nach seiner Ansicht zufrieden stellend (Quente 1914). Während die undurchbohrten »Hackenklingen« grundsätzlich auf einem entsprechend zugerichteten Knieholm befestigt waren, konnten nach Meinung des Autors die durchbohrten »wohl so, (...) dass der Stiel durch das Bohrloch gesteckt und festgekeilt wird«, geschäftet werden (Quente 1914, 181).
Für einige durchbohrte Dechselklingen stellte P. Quente jedoch schlicht fest, »dass es eine steinerne Pflugschar gewesen sein muss«. Deshalb erdachte er eine Pflugkonstruktion aus Holz, an der er verschiedene durchbohrte Dechselklingen befestigte. Mit solchen von Menschen gezogenen Pflügen wurden mehrere praktische Versuche vorgenommen, und der Autor sah sich in seiner Annahme der Funktion als Pflugscharen bestätigt. Die Ergebnisse dieser Versuche sind aus methodischen Gründen fragwürdig. Allerdings haben sich Quentes Überlegungen bei der Rekonstruktion einer bestimmten Knieholmform für Dechselschäfte als wegweisend für spätere Arbeiten erwiesen (Weiner & Pawlik 1995).

1958: »Pflugtheorie« wird widerlegt

Im Zusammenhang mit der nach wie vor offenen »Schuhleistenkeil-Frage« berichtete A. Rieth im Jahre 1950 über seine erfolgreichen Versuche, mit originalen Dechselklingen des schmalhohen Typs Holz zu bearbeiten. Die Versuche müssen sehr überzeugend gewesen sein, denn der Autor kommt zu dem Ergebnis, dass die Verwendung derartig aufwändig hergestellter Artefakte als landwirtschaftliche Geräte zum »Furchenziehen« kaum einzusehen ist (Rieth 1950).
Aus dem Jahre 1952 ist ein weiterer Versuch zur Erklärung der Verwendung von »Schuhleistenkeilen« bekannt. B. Brentjes erwähnt einen von ihm realisierten Pflugversuch, bei dem ein so genannter »Plättbolzen« als Pflugschar verwendet worden ist (Brentjes 1955). Derselbe Autor experimentierte im Jahr 1955 erneut mit einem Holzpflug, dessen »Schar« von einer schmalhohen Dechselklinge gebildet wurde. Dieser Pflug wurde von einem Ziegenbock gezogen (Brentjes 1956). Aufgrund der Gebrauchsspuren an der Dechselklinge steht für Brentjes fest, dass derartige Artefakte Pflugscharen gewesen sein müssen. Im selben Jahr setzte H. Behrens einen als Dechsel geschäfteten »Schuhleistenkeil« erfolgreich zur Holzbearbeitung ein. Nach B. Brentjes erlauben jedoch die hierbei entstandenen Gebrauchsspuren an der Dechselklinge keinerlei positive Rückschlüsse auf den möglichen Einsatz von Dechselklingen als Holzbearbeitungsgeräte (Brentjes 1956).
1961 legte E. Hennig die gekürzte Fassung seiner Diplomarbeit aus dem Jahre 1959 vor, in der er den letzten bis jetzt bekannten Pflugversuch unter Verwendung einer durchbohr-

Hackexperiment von Quente im Jahr 1914.

ten bandkeramischen Dechselklinge beschreibt. Dieser Versuch, bei dem ein Ochse als Zugtier diente, fand im Dezember 1958 statt. Die nach vier Stunden Pflügen an der Dechselklinge entstandenen Gebrauchsspuren widerlegten eindeutig die »Pflugtheorie« (Hennig 1959; 1961; 1965).

1961: »Schuhleistenkeile« dienten zur Holzbearbeitung

Wenig später überprüfte E. Hennig auch die »Hacktheorie« durch einen praktischen Versuch im Jahre 1961. Die an der dabei zum Einsatz gekommenen Dechselklinge des breitflachen Typs (»Flachhacke«) beobachteten Gebrauchsspuren widerlegten gleichermaßen eine Verwendung solcher Artefaktformen für diese Art der Bodenbearbeitung (Hennig 1965). Zur Kontrolle wurde außerdem ein Versuch mit einer Holzhacke ausgeführt, die aus einem einfachen Knieholm mit einer aufgebundenen »Klinge« aus Eichenholz bestand. Der Autor kommt zu dem Ergebnis, dass »auch ein einfach zugespitztes Kniestück

Pflugexperiment von Brentjes im Jahr 1955.

↘ Pflugexperiment von Hennig im Jahr 1958.

↙ Moderne Nachbildung einer altneolithischen Dechsel mit Klinge aus Amphibolit in Funktionshaltung.

(…) denselben Dienst leisten« würde (Hennig 1962, 272).

Im selben Jahr bearbeitete E. Hennig mit geschäfteten neolithischen Dechselklingen des schmalhohen Typs (»Schuhleistenkeil«) Tannen- und Buchenholz in frischem, trockenem und angekohltem Zustand. Die durchweg positiven Ergebnisse führten ihn zu der Feststellung: »Wir dürfen also konstatieren, dass unsere neolithischen Schuhleistenkeile einzig und allein als Holzbearbeitungsgeräte dienten (Dechsel)« (Hennig 1965, 687).

Diese Ansicht hat sich seitdem in der Fachwelt durchgesetzt, und so fand eine über mehr als 50 Jahre dauernde und teilweise verbissen und

sehr polemisch geführte Grundsatzdiskussion schließlich ein Ende. Doch sind nach wie vor grundsätzliche Fragen zu alt- und mittelneolithischen Dechselklingen offen, z. B. zur Rekonstruktion möglicher Schäftungsarten der schmalhohen und breitflachen Typklassen. Vielleicht noch faszinierender dürfte sich die Lösung der Aufgabe darstellen, Dechselklingen derart zu klassifizieren, dass sich schließlich unzweifelhaft vorauszusetzende »tool sets«, Werkzeugsätze, erkennen lassen, die bestimmten Spezialarbeiten zugewiesen werden können – vom Baumfällen bis zum Ausarbeiten von Zapflöchern.

Jürgen Weiner

Kein Geheimnis ist, dass dabei das Budget allzu häufig die Qualität bestimmt. Wo kein ausgebildetes Personal, kein Team unter einer fachlichen Leitung vorhanden ist, können weder Inhalte noch die Programmatik blühen. Einst angetreten gegen Stereotype und Vorurteile, begibt sich damit die Lebendige Archäologie mancherorts in die Gefahr, durch Unterfinanzierung und den damit verbundenen Mangel an ausgebildetem Personal in eine unbedachte »Wiederkehr des Immergleichen« mit bezugslosem Speerschleuderschießen, Getreidemahlen, Fibelbiegen oder Lederschneiden zu verfallen. Sehr real erwächst hieraus die Gefahr einer Vulgarisierung der Forschungsergebnisse bis hin zur Unkenntlichkeit. Vor den Karren der Freizeitindustrie gespannt und entsprechend instrumentalisiert, gibt die Kultur- und damit auch Archäologievermittlung dann aber ihre Inhalte preis. Eine erfundene Vergangenheit ist die Folge davon.

Zeitreise

Anfang der neunziger Jahre des 20. Jh. meinte Peter Reynolds noch ganz provokant, dass es von Charakterschwäche zeuge, wenn man seine Freizeit als Bronzezeit-Zeitreisender in einem entsprechend ausgerüsteten Freilichtmuseum verbringt. Im neuen Jahrtausend dagegen sind solche Ereignisse selbstverständlicher Teil unseres Freizeitverhaltens geworden und ungemein populär. Wissenschaft wird zum Abenteuer-Erlebnis, wenn man

sich auf einen archäotechnisch begleiteten Event zum Herstellen und Verwenden eines prähistorischen Thermoklebers mit anschließender Verköstigung aus dem jungsteinzeitlichen Keramikkochtopf einlässt. Für einen Moment legt man dann tatsächlich 4000 Jahre zurück – riecht den würzigen Rauch und das siedende Pech und schmeckt, dass im Eintopf keine neuweltlichen Zutaten wie Paprika, Kartoffeln oder Chili enthalten sind. Die Architektur des Freilichtmuseums ist dabei sowohl Anschauungs- und Lernobjekt als auch emotionales Wohlfühl-Ambiente, immer mit dem erklärten Ziel,

Hautnah dabei, wenn die Kelten kommen: »Reenactment« im römischen Freilichtmuseum Hechingen-Stein.

Event im Museum – die archäologische Museumsnacht.

die fassbare archäologische Sachkultur in ganzheitlich erfahrbare und erlebbare Sinnzusammenhänge einzubinden.

Noch eindrücklicher wird dieses Erlebnis, wenn man wie die Familie Borngräber Sicherheit und Familiarität mit Abenteuer und Exotik kombiniert, indem man über Wochen bronzezeitlichen Lebensalltag im Selbstversuch erlebt (Beitrag Szelényi, S. 65ff.).

Bei einer solchen Programmatik sollte sich der verantwortliche Archäologe jedoch immer der theoretischen, sozialgeschichtlichen und methodischen Fragestellungen seines Fachgebiets bewusst bleiben. Und auch die begleitenden Teamleiter müssen präzise die spezifische kulturgeschichtliche Vermittlung beherrschen und sie mit der Erwartungshaltung auf ein gelungenes Erlebnis mit suggestiven Sinnzusammenhängen aus der Prähistorie verbinden können. Nur dann wird Archäologie »lebendig« und eine Geschichte zum Anfassen. Immer häufiger übernehmen diese pädagogisch-didaktischen Hilfeleistungen Archäotechniker mit profunden handwerklichen Kenntnissen prähistorischer Techniken und Arbeitsweisen, die dem experimentellen Zugang zur Fragestellung entstammen. Das Experiment hat dabei nach wie vor eine grundlegende Funktion, nämlich die, die theoretisch denkbaren Möglichkeiten des »Wie-es-gewesen-sein-

könnte« auf die im wissenschaftlichen Versuch getesteten Plausibilitäten hin zu fokussieren (siehe Kasten »Das archäologische Experiment, S. 14f.«).

Ausblick

Alte Fakten, neue Hypothesen

Die Datenbasis der Experimentellen Archäologie ist immens angewachsen. Zwischenzeitlich gibt es auch in Deutschland Projekte, die sich dem Sammeln der publizierten Auswertungen, Protokolle und Berichte verschrieben haben, um aus den Erträgen längst vergangener, aber dokumentierter Versuche heraus neue Hypothesen zu prüfen. Einen vielversprechenden Weg hat hierzu die Landschaftsarchäologie eingeschlagen. Reynolds Butser Farm, Steensbergs Anbauversuche zur steinzeitlichen Landwirtschaft in Draved oder die Experimente auf der Aldenhovener Platte rücken dabei wiederum ins Zentrum des Interesses. Doch steht heute nicht mehr die Beschreibung von Einzelversuchen im Mittelpunkt, sondern vermehrt eine kausale Sichtweise, die Zusammenhänge von menschlicher Landschaftsveränderung und Naturraum offenbart.

Erfundene Vergangenheit im Gewande der »Living History«.

»Slash-and-burn«, Roden und Brennen. In Forchtenberg wird seit zehn Jahren die Wahrscheinlichkeit dieser Ackerbaumethode gezielt für spätjungsteinzeitliche Kulturen im wissenschaftlichen Experiment getestet.

◣ Forchtenberg, Versuchsfelder zum Getreideanbau auf einer durch Brandrodung geschaffenen Waldlichtung.

Eine derart komplexe Simulation steinzeitlicher Wirtschaftsweise ist seit 1993 im schwäbisch-fränkischen Forchtenberg im Gange. Erklärtes Ziel des Hemmenhofener Archäobotanikers Manfred Rösch und seiner aus unterschiedlichen Disziplinen stammenden Arbeitsgruppe ist es, Hypothesen über das Funktionieren einer von der Landwirtschaft lebenden menschlichen Gemeinschaft des Endneolithikums mit archäologischen und paläobotanischen wie auch paläozoologischen Modellen zu testen.

Während derzeit für das Altneolithikum die von Lüning und Meurers-Balke angenommenen langen Zyklen der Bewirtschaftung auf denselben Flächen vorausgesetzt werden, postuliert Rösch aufgrund seiner langjährigen Erfahrung als Paläobotaniker in Hemmenhofen zumindest für die Pfahlbaukulturen des Endneolithikums eine »shifting cultivation« mit »slash-and-burn« als mögliche Reaktion auf vorausgehende Ertragsrückgänge der primären Landwirtschaft.

Ausgehend von Botanik und landwirtschaftlichen Notwendigkeiten, so Rösch, »sprechen viele Argumente dafür, dass im Spätneolithikum Waldwirtschaft und Ackerbau auf einer Fläche vereint waren, dass auf Einschlag, Brand und Anbau eine langjährige Brachephase mit Waldregeneration erfolgte, die durch erneuten Einschlag eines Niederwaldes mit nachfolgendem Brand und Rodung unterbrochen wurde. Die Ackerflächen wären somit nicht ortsfest gewesen, sondern ständig in einer von unterschiedlich alten Wiederbewaldungsstadien geprägten Landschaft verlagert worden. (…) Eine Annäherung an die neolithische Realität erfordert zusätzlich zu konsistenten Proxidaten eine Überprüfung der Machbarkeit im Experiment. Diese Proxidaten lassen für das Spätneolithikum auf ein völlig von der Bronzezeit und späteren Kulturepochen abweichendes Landnutzungssystem schließen, das derzeit nur hypothetisch umrissen werden kann. Es beruht auf der Vorstellung eines in einer Waldlandschaft rotierenden Wald-Feldbau-Systems mit langjährigen Brachephasen, bei dem das Brennen des Gehölzaufwuchses Boden-

bearbeitung, Bewuchsregulierung während der Anbauphase und externe Nährstoffzufuhr weitgehend ersetzt.«

Die Gesamtdauer eines Bewirtschaftungszyklus beträgt 15 Jahre. Es ist also ein wissenschaftliches Langzeitprojekt, das sich hier mitten in der Erprobung befindet. Zu ihm zählen auch experimentalergologische Versuche, bei denen Auswahl, Handhabung und Effizienz der eingesetzten Geräte getestet wird. Dabei wurden von dem Prähistoriker Wolfram Schier und seinem Team insgesamt 17 Bäume gefällt, davon einer zu Versuchszwecken mit der Stahlaxt. Der Rodungsaufwand pro Hektar konnte so auf 468 Stunden und 35 Minuten beziffert werden. Zehn Personen würden also 47 Stunden reiner Arbeitszeit benötigen. Der reale Zeitaufwand könnte laut Schier durchaus bis zu einem Drittel geringer gewesen sein, also damals lediglich 32 Stunden bei zehn Mann betragen haben. Weitere Versuche sind geplant, sie sind als Teil der Langzeitstudien mit möglichst authentischem Gerät als archäologisches Experiment geplant.

Vom Maisacker zum Steinzeitwald

Im schleswig-holsteinischen Albersdorf leitet Rüdiger Kelm das Archäologisch-Ökologische Zentrum, kurz AÖZA genannt. Auch er hat sich mit seinem 40 ha großen Gelände der Landschaftsarchäologie im Langzeitversuch verschrieben: Seit Sommer 1997 geht hier die Renaturierung vom »Maisacker zum Steinzeitwald« voran, die die Möglichkeiten und Grenzen der Wiederherstellung einer prähistorischen Kulturlandschaft experimentell auslotet. Mit Nachbauten jungsteinzeitli-

Wohlfühlen für die ganze Familie: Ein Sonntag im Archäologisch-Ökologischen Zentrum Albersdorf.

Vor dem Säen und Ernten steht die Rodung. Welchen Aufwand dies für eine jungsteinzeitliche Gemeinschaft bedeutete, hat man in Forchtenberg gemessen, ausgewertet und hochgerechnet: Zehn Mann mit Steinbeilen könnten einen Hektar in 32 Arbeitsstunden durchaus bewältigt haben.

cher Häuser, einem Besucherzentrum und der sanften Erschließung des »Steinzeitwaldes« für die Gäste entstehen dort in der »Quadratmeile der Megalithkultur« neue Modelle zum Wirken des archäologisch fassbaren Menschen samt seiner Kultur und damit nicht zuletzt Zeitreisen aus erster Hand.

Durch die lange Geschichte der Experimentellen Archäologie zieht sich wie ein roter Faden die detektivische Spürarbeit, bei der es darum geht, Herstellungsverfahren, Form, Funktion und Haltbarkeit von Geräten, Fahrzeugen oder Architektur plausibel und nachvollziehbar wiederzugewinnen. Doch daneben steht immer auch das kulturhistorische Ansinnen, den Strategien menschlichen Lebens und Überlebens auf den Grund zu gehen.

So betrachtet, könnten die Langzeitversuche in Forchtenberg und Albersdorf eine neue Qualität der Experimentellen Archäologie einleiten. Nach den großen Einzelfunden wie dem Keltenfürsten von Hochdorf samt Wiedergewinnung seiner Grabausstattung durch alte handwerkliche Techniken, dem Mann vom Hauslabjoch und seiner vielfältigen Ausrüstung oder dem experimentellen Nachguss samt Brünierung der Himmelsscheibe von Nebra scheint die Zeit reif für derart komplexe Fragestellungen zur Interpretation prähistorischer Siedlergemeinschaften und ihrer landschaftsbezogenen Ackerbausysteme. Bestimmt vom bäuerlichen Rhythmus des Säens und Erntens in einer erst wieder neu zu gewinnenden alten Kulturlandschaft, die ständig bewohnt und bewirtschaftet wird, in der steinzeitliche Bauernhäuser im Langzeitexperiment auf ihre von der archäologischen Forschung postulierte Tauglichkeit getestet werden und wo auf den Brandrodungsfeldern mittels Handmesser Einkorn geerntet wird, könnten Experiment und Zeitreise eine neue Verbindung eingehen, von der beide Seiten ausgesprochen profitieren würden.

Das weitläufige Gelände im schleswig-holsteinischen Albersdorf.

Zurück in die Eiszeit

Von Sinn und Unsinn der »Living History«

VON WULF HEIN

»Wir werden es nie schaffen, uns wirklich in diese vergangene Welt hineinzuversetzen.« Das sagte ein Engländer, der ein ganzes Jahr wie in der Eisenzeit gelebt hat. So schwierig ist dies nicht, die Unterschiede zur heutigen Zeit hinsichtlich Ernährung, Technik, Fauna und Flora sind zwar vorhanden, aber nicht unüberwindlich. Beispiele für derartige »Zeitreisen« gibt es von verschiedenen Projekten zu vielen historischen Zeitstellungen. Wenn aber jemand ernsthaft versucht, wie vor 2500 Jahren zu existieren, über längere Zeit, unter den damaligen Bedingungen, und seine verständlichen Probleme eingesteht, um wie viel schwieriger muss es dann sein, einen noch weiter in die Prähistorie zurückreichenden, einen altsteinzeitlichen Alltag glaubhaft zu inszenieren?

Nun ist es sicher möglich, normale Mitteleuropäer in urige Bauern im Fellkostüm zu verwandeln. Die Fernsehsender präsentieren immer wieder Mitmenschen, die bereit sind, für zehn Wochen zur allgemeinen Volksbelustigung die unmöglichsten Dinge zu tun. Unter der Bezeichnung »Living Science« schurigeln missmutige Burgvögte ihre mittelalterlich demütigen Untertanen, quälen sich Auswanderer auf einem Segelschiff bis zum Erbrechen über den Atlantik, und jetzt steht tatsächlich eine Steinzeit-Doku-Soap kurz vor der Produktion. Zehn Probanden sollen ein paar Monate leben wie vor 5000 Jahren. Die wissenschaftlichen Erkenntnisse dürften sich darauf beschränken, dass nach zehn seifenlosen Wochen der Körpergeruch zunimmt. Ansonsten mag sich der Zuschauer mit wohligem Gruseln in den Fernsehsessel kuscheln und den modernen »Ötzis« beim Dauerscheitern zusehen. Denn gleich unter der dünnen Schicht »Science« wird das bedient, was die Quote hoch treibt: blanker Voyeurismus.

Wie simuliert man Altsteinzeit?

Und selbst wenn die Versuchsneolithiker die ersten drei Wochen überstehen – nimmt man ihnen die Haustiere und die Pflanzen, die sie kennen, sind die Dreharbeiten beendet. Wie soll man da erst ein paläolithisches Jagdlager ohne Mammute und Rentiere darstellen? Undenkbar. Selbst erfahrene Archäotechniker haben letztlich weder genug Erfahrung noch Gelegenheit oder die Möglichkeiten, konsequent »Steinzeit zu leben«. Erst recht nicht Altsteinzeit, denn dabei handelt es sich schließlich um einen anderen erdgeschichtlichen Abschnitt, der schon deshalb nicht glaubhaft simuliert werden kann, weil damals das Klima völlig anders war als heute.

Je weiter wir uns auf einer »Zeitreise« von der Gegenwart entfernen, desto schwieriger wird es, die damaligen Lebensumstände nachzustellen. Denn wir können doch immer nur einen Bruchteil der vergangenen materiellen Welt wissenschaftlich fassen, und dieser wird mit zunehmendem Alter der Funde immer spärlicher. Ein paar Steinwerkzeuge, Knochenreste… Natürlich ist es statthaft, aus der Beschaffenheit eines Backenzahns Habitat und Lebensweise eines Vor- oder Frühmenschen theoretisch zu rekonstruieren und dies zur Diskussion zu stellen. Aber altpaläolithisches Dasein nachzuspielen hieße, nackt, grunzend und mit einem Fichtenspeer bewaffnet den Wald unsicher zu machen. Denn viel mehr an Technik und Kulturleistung mögen selbst innovationsfreudige Wissenschaftler dem Homo erectus nicht zusprechen. Und so findet sich in den Live-Angeboten der deutschen archäologischen Themenparks sehr viel aus der jüngeren Prähistorie: Am Bodensee haust der »Uhldi« monatelang im Pfahlbau, am Federsee unterwirft sich eine begeisterte Familie dem schwierigen Leben der Bronzezeit. Im dänischen Freilichtmuseum Hjerl Hede lebt seit Jahrzehnten jeden Sommer eine kleine Gruppe von Steinzeitenthusiasten in Lehmhütten und fischt mit dem Einbaum im nahen See.

Aber die Zeit der eiszeitlichen Jäger und Sammler kommt in der »Living-History«-Szene eigentlich nicht vor, abgesehen von den paar Unentwegten, die sich alle zwei Jahre bei Engen im Hegau treffen. Dort, im Brudertal, hat man versucht, die Umgebung der Petersfelshöhle in ihren eiszeitlichen Zustand zurückzuführen. In jedem zweiten Herbst gibt es hier eine Open-Air-Veranstaltung, zu der

Spezialisten aus ganz Europa anreisen, um den zahlreichen Besuchern steinzeitliche Techniken vorzuführen. Außerdem findet auch immer eines der allfälligen Turniere mit Steinzeitwaffen statt, von denen weiter unten noch die Rede sein wird.

Doch obwohl rund um die Höhle alle Bäume abgeholzt wurden und viele der Akteure in Lederkleidung auftreten, will sich die Illusion einer späteiszeitlichen Tundrenlandschaft nicht so ganz einstellen. Von fern dräut die Autobahnbrücke, der nächste Apfelbaum ist 100 m entfernt, und die mit Mühe renaturierte pleistozäne Fauna lässt sich nur mit Aufwand in einem kleinen Bereich am Leben erhalten.

Ein Themenpark »Paläolithikum« wäre also wohl nur in den sommerlichen Hochalpen oder in Lappland einigermaßen glaubhaft und realitätsnah zu installieren, wollte man das Ambiente authentisch gestalten. Ein Standort in der Lüneburger Heide beispielsweise würde die Öffnungszeiten rein klimatisch auf Oktober bis März beschränken. Dann entsprächen zumindest die Temperaturen denen der Eiszeit – im Sommer! Die breite Masse der Besucher könnte man allenfalls mit einem zünftigen Weihnachtsmarkt mit Glühwein und heißen Maronen locken.

Auch in den Bilanzen der Experimentellen Archäologie sind Versuche zu paläolithischen Funden und Befunden eher die Ausnahme. Oftmals stellt schon die Beschaffung des benötigten Rohmaterials die Experimentatoren vor größere Probleme. Dennoch gab es in den vergangenen zwanzig Jahren mehrere Projekte zum Thema, von denen einige hier exemplarisch vorgestellt werden sollen.

Das »Ingolstadt-Experiment«

Während der Planungen zur Ausstellung »Steinzeitliche Kulturen an Donau und Altmühl«, die im Sommer 1989 im Stadtmuseum Ingolstadt stattfand, entstand bei den Veranstaltern die Idee, dem Publikum eine praktische Demonstration zur Herstellung und zum Gebrauch von Steinartefakten zu zeigen. Dazu wurde ein Damhirsch mit einfachen Feuersteingeräten zerlegt, zum Einsatz kamen unretuschierte Abschläge und Klingen sowie Faustkeile, also Werkzeuge, die vor allem in der Altsteinzeit benutzt wurden. Die Geräte und Knochen wurden später gründlich auf Gebrauchs- und Zerlegungsspuren untersucht, das Experiment fotografisch und per Videokamera dokumentiert.

Vorführungen wie diese stellten Ende der achtziger Jahre des 20. Jh. ein Novum in der musealen Vermittlungsarbeit dar. Eine Wildzerlegung mit steinzeitlichem Werkzeug wurde erstmalig in einem deutschen Museum gezeigt, und das Publikum reagierte mit Erstaunen auf die außergewöhnliche Schärfe der verwendeten Klingen. Die bei der Auswertung gewonnenen Erkenntnisse führten einerseits zu weitergehenden Schlüssen auf Ausrüstung und Fähigkeiten der steinzeitlichen

Harm Paulsen zeigt sein Können bei der Feuersteinbearbeitung.

→ Steinzeit hautnah: Ein Reh wird mit Feuersteinmessern zerlegt.

Abgeholzt – die Petersfelshöhle bei Engen (Hegau)
nach der »Paläolithisierung«.

↗ Petersfelstage 2002 –
im Hintergrund die A81.

Jäger und erbrachten andererseits neue Ansätze zur Interpretation von Gebrauchsspuren auf Steinartefakten.

Heute, nach mehr als 15 Jahren, gehört das Zerlegen einer »Jagdbeute« mit Silexklingen zu jedem anständigen Museumsfest, wenn sich auch mittlerweile die Erkenntnis durchgesetzt hat, dass eine solche Vorführung kein Experiment im streng wissenschaftlichen Sinne darstellt, sondern eher in die Kategorie »Archäo-Event« einzuordnen ist. Museumsbesucher nutzen dabei gern die Gelegenheit, auf »Zeitreise« zu gehen und die Vergangenheit gewissermaßen »hautnah« zu erleben, wenn es möglich ist. Bei einer entsprechenden Veranstaltung konnte man einen älteren Herrn beobachten, der wie selbstverständlich sein Jackett ablegte und voller Neugier mit einem Flintmesser an einem Reh herumschnitt, bis das Sonntagshemd voller Blutflecken war, was ihn aber offensichtlich gar nicht störte.

Die Speerschleuder: Renaissance einer Steinzeitwaffe

1987. Der Kölner Urgeschichtsstudent Ulrich Stodiek beschäftigt sich schon seit einiger Zeit mit der Speerschleuder. Diese Waffe wurde im Europa der ausgehenden Eiszeit hauptsächlich zur Jagd auf Rentiere eingesetzt. Sie besteht aus einem schlanken, leichten Speer und einem dazugehörigen Hebel, mit dem der Speer geworfen wird. Dadurch lassen sich Reichweite und Durchschlagskraft erheblich verstärken. Stodiek plant, die Erkenntnisse, die er aus dem Studium der archäologischen

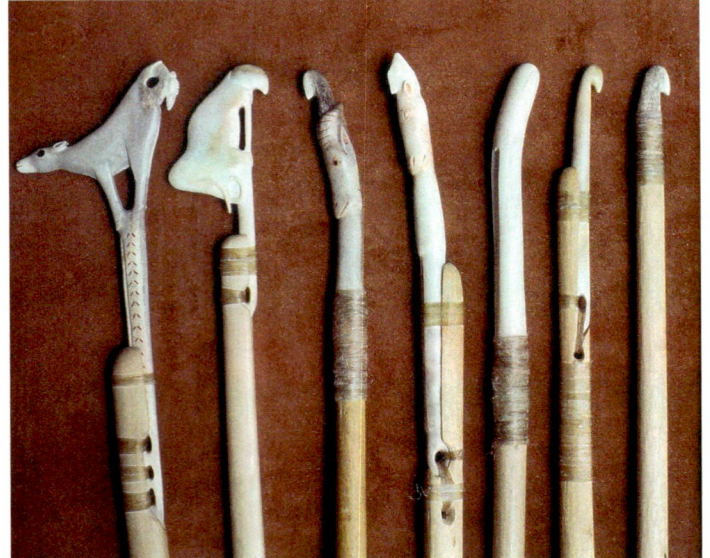

Funde und ethnologischer Parallelen gewonnen hat, durch eigene Experimente zu erweitern. Weil keine vollständige Schleuder erhalten geblieben ist, fertigt er mit den Materialien, die in der Eiszeit zur Verfügung standen, Idealrekonstruktionen an und überprüft seine Theorien in der Praxis. Die Ergebnisse seiner jahrelangen Forschungs- und Versuchsarbeit fasst er schließlich 1993 in einer umfangreichen Dissertation zusammen. Er bestätigt nicht nur die aus der Völkerkunde bekannte maximale Wurfdistanz von 30 m, bei der man noch halbwegs gut zielen kann, sondern zeigt auch anhand seiner selbst hergestellten und benutzten Geschossspitzen und Schleudern, woher die typischen Beschädigungen an den originalen Vorbildern stammen.

Um auszuschließen, dass die Ergebnisse hinsichtlich des Aussehens der Schleudern und ihrer Handhabung allzu subjektiv bleiben, begeistert Ulrich Stodiek einige Kommilitonen für diese ungewöhnliche Art der Freizeitgestaltung. Man trifft sich regelmäßig mit selbst gebautem Equipment zum Training, und im Sommer 1987 findet im Rahmen einer Grillfeier im Kölner Stadtwald der erste Speerschleuderwettbewerb in Europa statt.

Die Faszination, die von der Beherrschung einer uralten, vergleichsweise komplizierten Jagdwaffe ausgeht, überträgt sich schnell auf andere und nicht nur auf Prähistoriker. Waren es damals in Köln noch sechs Teilnehmer und eine einzige Zieldistanz, so kann man inzwischen das ganze Jahr hindurch europaweit von Turnier zu Turnier fahren, ohne ein Wochenende auszulassen. Zu heutigen Events kommen hunderte von Teilnehmern,

die auf Entfernungen von 8 bis 26 m ihre Treffsicherheit an Tierscheiben versuchen. Vor allem Archäo-Parks laden gern zu einem publikumsträchtigen Wettkampf mit prähistorischen Sportgeräten, die – mit Stodieks Worten – eine regelrechte »kleine Renaissance« erlebt haben.

Mittlerweile sind nicht mehr nur Speerschleudern am Start: Seit 1990 werden die Meisterschaften auch mit Nachbauten (prä)historischer Bögen ausgetragen. Das Reglement verbietet den Einsatz neuzeitlicher Materialien bis auf moderne Klebstoffe. Die Szene ist bunt gemischt, hier treffen sich Menschen aus den unterschiedlichsten Berufen,

↖ Idealrekonstruktionen paläolithischer Speerschleudern von Ulrich Stodiek.

↑ Ulrich Stodiek bei der praktischen Erprobung seiner nachgebauten Speerschleudern.

Renaissance einer Steinzeitwaffe – bei internationalen Wettbewerben testen die Teilnehmer ihre Treffsicherheit.

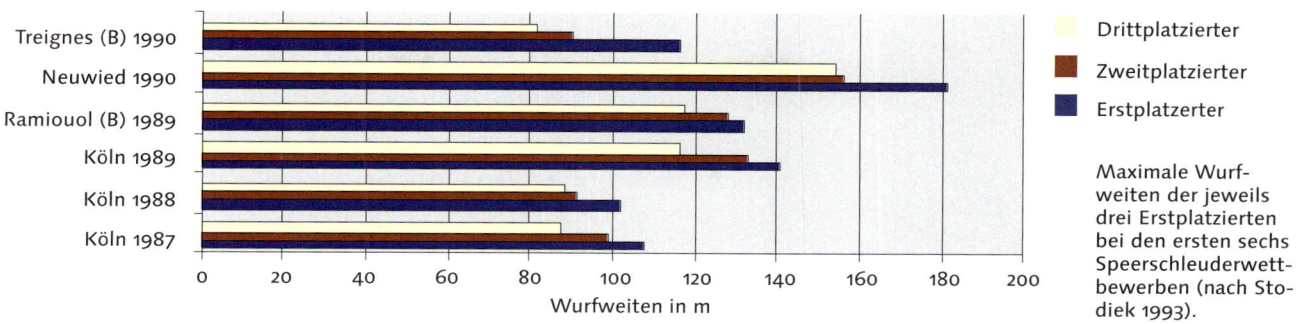

Treignes (B) 1990
Neuwied 1990
Ramiouol (B) 1989
Köln 1989
Köln 1988
Köln 1987

0   20   40   60   80   100   120   140   160   180   200

Wurfweiten in m

Drittplatzierter

Zweitplatzierter

Erstplatzerter

Maximale Wurf-
weiten der jeweils
drei Erstplatzierten
bei den ersten sechs
Speerschleuderwett-
bewerben (nach Sto-
diek 1993).

Altersgruppen und sozialen Zugehörigkeiten, um ihrem Hobby zu frönen. So entsteht eine mehrfache Rückkopplung zwischen experimenteller Forschung und sportlichem Event. Nach der Auswertung zahlreicher Turnierergebnisse kann beispielsweise festgestellt werden, dass ein Bogenpfeil um 25 bis 30 % präziser trifft als ein Schleuderspeer. Und dass man mit einer Speerschleuder mehr als 200 m weit werfen kann. Zum Vergleich: Der Olympiasieger im konventionellen Speerwurf der Herren schaffte 2004 in Athen 86,50 m.

Die ältesten Speere der Welt

Auch der Homo erectus befand sich technisch gesehen schon in grauer Vorzeit näher am olympischen Athen, als man bis vor kurzem annehmen konnte. Die Sensation war perfekt, als der Archäologe Hartmut Thieme 1996 seinen neuesten Fund der Weltöffentlichkeit präsentierte: Nur einen Meter entfernt von der Abbruchkante des Braunkohlentagebaus in Schöningen konnten er und seine Mitarbeiter vom niedersächsischen Institut für

Olympiaverdächtig – Wurfversuche mit Nachbauten der Schöninger Speere.

ten Klischee des Homo erectus als Keulen schwingender Zottelschrat verabschieden sollte.

Um auch das archäologisch interessierte Publikum von der Leistungsfähigkeit der Schöninger Speere zu überzeugen, veranstaltete der Förderverein Schöninger Speere im Sommer 2004 eine Weltpremiere. Anlässlich der »Schöninger Archäologietage« traten Sportler mit den unterschiedlichsten prähistorischen Jagdgeräten gegeneinander an: Bumerang, Wurfholz, Speerschleuder, Pfeilbogen, Wurfspeer und zum Vergleich einem modernen Wettkampfspeer. Dabei wurden nicht nur vielfältige Erkenntnisse über Flugverhalten, Treffgenauigkeit und Wurfdistanz der einzelnen Waffen(systeme) gewonnen, sondern auch neue Aktivisten. Während der Veranstaltung konnten sich die Besucher ebenso über die verschiedenen Disziplinen und Sportgeräte informieren wie auch über die Belange der Archäologie im Braunkohlentagebau.

Archäotechnik und Geschichtsbildung

Das Achtal bei Blaubeuren ist durch seine zahlreichen Höhlenfunde aus der jüngsten Eiszeit in der Forschung weltbekannt. 1995 wurde im dortigen Urgeschichtlichen Museum die Ausstellung

»Tag der offenen Höhle« im Blaubeurener Achtal.

Denkmalpflege einen altsteinzeitlichen Lagerplatz vor der Zerstörung durch den Schaufelradbagger bewahren. Mitten zwischen tausenden von Knochensplittern kamen mehrere vollständig erhaltene Wurfspeere ans Tageslicht, sorgfältig aus dem Stamm junger Fichten gearbeitet. Hier hatte eine Gruppe Urmenschen vor etwa 400 000 Jahren Pferde gejagt und geschlachtet. Die über 2 m langen Speere sind so kunstvoll gefertigt, dass sie auf eine lang vorausgehende Tradition in der Holzbearbeitung schließen lassen. Eine solche Arbeit ist mit einfachen Werkzeugen aus Feuerstein sehr gut zu bewältigen, wie Stephan Veil schon 1990 mit der experimentellen Nachbildung der Eibenlanze von Lehringen gezeigt hat.

Doch hatte der Homo erectus schon Großwild mit dem Wurfspeer erlegt? Am Institut für Sportmedizin der Universität Heidelberg beschloss Miriam Golek, der Frage experimentell auf den Grund zu gehen. Ihre im Rahmen einer Staatsexamensarbeit publizierten Wurfversuche mit Rekonstruktionen der Schöninger Speere ergaben, dass die wahrhaft uralten Projektile modernen Wettkampfspeeren gleichen, sowohl hinsichtlich Schwerpunkt, Formgebung und Gewicht als auch in den Flugeigenschaften. Es wurden Wurfweiten von ca. 74 m erzielt, und mit etwas Übung lässt sich eine hohe Treffgenauigkeit bei gleichzeitig großer Durchschlagskraft erreichen. Zusammen mit dem Fund eines durchlochten Nashornschulterblatts aus dem etwa gleich alten Grabungsort Boxgrove in England machen die Versuche deutlich, dass man sich am besten ganz schnell vom geliebten

Fritz Seeberger beim Anblasen einer Schrägflöte aus Schwanenflügelknochen.

Ex-Beatle Ringo Starr versuchte sich 1981 in Carl Gottliebs Film-Ulk »Caveman« als Höhlenmensch.

Altsteinzeit als mediale Inszenierung: Die Fernsehproduktion »Feuer im Eis« verfolgt die Spuren der Neandertaler.

»Experimentelle Archäologie in Deutschland« gezeigt. Um die Präsentation durch sachbezogene »hauseigene« paläolithische Themen zu ergänzen, führte ein Team um Anne Scheer und Joachim Hahn mehrere Versuche zum eiszeitlichen Leben auf der Schwäbischen Alb durch. Die Ergebnisse der Eiszeitwerkstatt wurden in die Ausstellung integriert und bewirkten eine große Nachfrage, vor allem von Schulen, nach Demonstrationen altsteinzeitlicher Techniken, die das Museumsteam bald vor ungeahnte Herausforderungen stellte.

Letztlich ist aus diesen Aktivitäten ein Kreis von Spezialistinnen und Spezialisten hervorgegangen, die seither weit über Blaubeuren hinaus in der musealen Vermittlungsarbeit tätig sind und die Akzeptanz des archäologischen Experiments bzw. der Ar-

chäotechnik als Medium der Geschichtsbildung im Süddeutschen Raum gefördert und geprägt haben.

Alljährlich im September veranstaltet der Förderverein »Gesellschaft für Urgeschichte« unterhalb des berühmten »Geißenklösterle« den »Tag der offenen Höhle«, offen deshalb, weil viele der Fundstellen noch nicht vollständig ergraben und daher für gewöhnlich mit Gittern verschlossen sind. An diesem Tag aber gibt es Führungen, im Tal findet ein reichhaltiges Programm zu archäologischen Themen statt, und im Mittelpunkt stehen immer wieder archäotechnische Vorführungen, die auch auf den Experimenten von 1995 basieren. Feuersteinschläger zeigen ihr Können, Speerschleudern für jedermann wird geboten, und wer schon immer mal wissen wollte, wie Rentiersteak schmeckt oder Birkenpech hergestellt wird, kommt hier voll und ganz auf seine Kosten. Besonders hervorzuheben ist hier Fritz Seeberger mit seinen Versuchen zu jungpaläolithischen Knochenflöten.

Kein Feuer im Eis

Von Annauds Überaugenwulst-Drama von welchen, die auszogen, das Feuer wieder zu holen, über die Verfilmung des ersten Bandes von Auels Ayla-Epos und die durchgeknallte Caveman-Komödie des Ex-Beatles Ringo Starr bis hin zum geplanten Mammutjäger-Film von Roland Emmerich hat das große Kino immer mal wieder Interesse an dem Stoff gezeigt. Auch für diverse TV-Produktionen sind kleine Einspieler über »Das Leben der Höhlenmenschen« aufgezeichnet und ausgestrahlt worden. Auf den ersten Blick erscheint vieles gelungen, die Dramatik passt, sogar der Drehort könnte stimmen. Beim näheren Hinsehen erkennt der geneigte Zuschauer jedoch, dass der Plot oft weitaus wichtiger ist als archäologische Details.

Die Unterschiede sind graduell, Kompromisse hinsichtlich Drehgelände und Ausstattung müssen immer gemacht werden, das ist auch eine Frage der Kosten. Bei einigen Produktionen kann man sich jedoch des Eindrucks einer gewissen Beratungsresistenz des Regisseurs nicht erwehren. »Was soll ich einen Wissenschaftler fragen, der vermiest mir doch eh bloß die Action.« Und so werden wir wohl auch weiterhin malträtiert mit unterbelichteten Neandertalern im Flatterfellkostüm, die Feuerstein bearbeiten, als müssten sie Kokosnüsse mit der bloßen Hand knacken.

Das ist fatal, denn ein Film hat eine ganz andere Wirkung als eine museale Ausstellung oder Inszenierung. Diese ist fast immer statisch und erleichtert deshalb dem Museumsbesucher eine reflexive Distanzierung zum Gezeigten, sei es noch so gut gemacht und lebendig gestaltet. Ein Film jedoch wirkt über bewegte Bilder, er rührt an unsere Emotionen: Der Held zückt das Schwert, unsere Hand zuckt mit. Der Zuschauer kann sich als visuelles Wesen der Macht der Bilder schwer entziehen, sie werden auf lange Zeit sein individuelles Bild von der Steinzeit prägen. Ist der Film von der Ausstattung her schlecht gemacht, können wir vielleicht vordergründig darüber lachen, im Hinterkopf jedoch setzen sich ganz schnell, jenseits aller Reflexion, Fellwams und Holzkeule fest. Wenn hingegen ein verantwortungsvoller Regisseur wissenschaftlich akribisch recherchiert und die Requisiten perfekt sind, wird es umso schwieriger. Denn nun wirkt die Inszenierung auch noch glaubhaft, ihr Wahrheitsgehalt nimmt aber nicht zu. So authentisch ein Film auch daherkommt, wird er uns die Steinzeit nicht so zeigen können wie sie wirklich war, weil wir die Lebenswirklichkeit eines Steinzeitmenschen niemals auch nur ansatzweise erfassen werden, und wenn wir uns noch so viel Mühe mit den technischen Details geben. Deshalb erfahren wir in den meisten (Prä)Historienfilmen – genau wie in Ausstellungen, Freilichtmuseen und Doku-Soaps – mehr über uns heutige Menschen und die An- und Absichten der Produzenten als über die Historie selbst.

Wunsch und Wirklichkeit

Aber zumindest einen Film gibt es, der zeigt, dass es anders geht. Bezeichnenderweise wurde er in Zu-

Dreharbeiten zum Film »Rentierjäger am Petersfels« in den norwegischen Bergen.

sammenarbeit des Instituts für den Wissenschaftlichen Film IWF in Göttingen mit den Ausstellungsmachern des Museums Engen zur Neugestaltung der Dauerausstellung konzipiert und produziert. Gedreht wurde in Norwegen mit skandinavischen und deutschen Archäologen als Darsteller, die das eiszeitliche Leben im Brudertal überzeugend und so detailgetreu wie möglich nachstellen. Hier stimmt die Kleidung, die Akteure wissen, wie man mit einem Stichel umgeht und laufen nicht mit Föhnwelle in den Sonnenuntergang, die Handlung ist nicht unnötig mit Kunstsprache oder Emotionen befrachtet. Um in diesem Bereich mehr Erfahrung zu sammeln und sowohl Qualität als auch Authentizität von Rekonstruktionen zu steigern, wäre ein diesbezügliches Projekt wünschenswert. Einmal für länger wie in der Eiszeit leben und die selbst gemachte Rentierjäger-Ausrüstung in natura testen – bislang immer noch ein schöner Traum

von vielen, die sich der Lebendigen Archäologie verschrieben haben.

Ob die Wunschvorstellung Realität werden kann, hängt von vielen Faktoren ab, vom Finanziellen gar nicht zu reden. Die Schwierigkeiten hinsichtlich Fauna und Flora sind bekannt und könnten mit einiger Hartnäckigkeit und Kompromissbereitschaft zu meistern sein. Auch die völlig andere Lebens- und Ernährungsweise wäre wohl zu erlernen und zu bewältigen, aber das alles sind physische Belange – obwohl die Vorstellung, rohen Rentiermageninhalt und gesottene Augäpfel als Delikatesse zu verspeisen, denn doch ein wenig schwer fällt. Letztlich bliebe »Living History« eben auf den technischen Bereich beschränkt und selbst dann immer noch mit sehr vielen Fragezeichen versehen, denn ins Paläolithikum werden wir uns noch viel weniger hineinversetzen können als in jede andere Epoche der menschlichen Evolution.

Abenteuer Einbaum

Experimentelle Bootsfahrt auf der sommerlichen Donau

VON WULF HEIN

Anfang April 2000 – wir hatten gerade die Erweiterung des Federseemuseums in Bad Buchau abgeschlossen und zur Eröffnung einen 6 m langen Einbaum gebaut – nötigte mich der örtliche Bauhofleiter in sein Auto. »Auga zua, mr fahret e Stückle, i han ebbes für di«, und dann stand ich vor einer riesigen Schwarzpappel, die aus Sicherheitsgründen im Kurpark der Stadt gefällt werden musste. Da der Stamm auf eine Länge von nahezu 13 m fast astfrei und gerade war, entschloss sich das Team vom Federseemuseum, noch einen Einbaum daraus zu machen. Mit der freundlichen Unterstützung des Bauhofs wurde der Baum zum Museum transportiert, und Mitte April begannen wir mit den Arbeiten.

Der Bau der »Seefeder«

Zunächst wurde die Rinde entfernt und als Rohstoff für museumspädagogische Aktionen – Griffe für jungsteinzeitliche Messer – gelagert. Nachdem die Lage des zukünftigen Bootes im Baumstamm planerisch festgelegt war, was einiges an Erfahrung und Augenmaß voraussetzt, wurden dann der Boden und die Oberseite mit Motorsäge und Beil herausgearbeitet und Bug und Heck gestaltet. Nun folgte, analog zu den prähistorischen Techniken, das Aushöhlen des Stammes. Entgegen der landläufigen Meinung geschieht dies nicht durch Ausbrennen – dafür gibt es keine Belege –, sondern es werden quer zur Längsachse Kerben im Abstand von ca. 40 cm eingeschlagen bzw. in unserem Fall gesägt und die dazwischen liegenden »Holzschindeln« herausgekeilt. Diese Arbeit erforderte ziemlich viel körperlichen Einsatz und zum Schluss ein sehr sorgfältiges Vorgehen, um nicht die Wandung oder den Boden an einer Stelle versehentlich zu durchschneiden.

Wenn auf diese Art die Rohform des Hohlkörpers hergestellt ist, folgt die Feinbearbeitung mit Dechsel und Beil. Hierzu benutzten wir hauptsächlich moderne Stahlwerkzeuge, die zum Teil speziell für diesen Zweck angefertigt worden waren. Aber auch Repliken bronzezeitlicher Beile wurden mit sehr

guten Ergebnissen auf ihre Tauglichkeit und Strapazierfähigkeit getestet.

Abschließend musste der Einbaum außen geschliffen und durch einen Lasur-Anstrich konserviert werden. Pappelholz ist sehr leicht, ziemlich weich und nur bedingt witterungsfest, aber, wie bei der Arbeit festzustellen war, außerordentlich zäh, langfaserig und sehr schwer zu spalten. Diese Eigenschaften erlaubten es, die Bordwände bis auf eine Dicke von weniger als 2 cm herunterzuarbeiten.

Der Stamm wird ausge-
höhlt – die reine Knochen-
arbeit.

Nach dem groben Aus-
höhlen folgt die Feinbe-
arbeitung des Innenraums
mit Beil und Dechsel.

↖ Erste Arbeitsschritte am
frisch gefällten Schwarz-
pappelstamm.

Die Form ist erkennbar,
aber die schwierigste
Arbeit steht noch bevor.

Der plane Boden hingegen ist noch etwa 10 cm dick, somit liegt der Schwerpunkt des Einbaums unten und verhindert trotz des geringen Tiefgangs ein schnelles Umkippen. Bei einer »Werftprobefahrt« im Sommer zeigte sich die hohe Tragfähigkeit: Mit acht Erwachsenen besetzt, hatte der auf den Namen »Seefeder« getaufte Einbaum noch etwa 35 cm Freibord, was selbst bei mäßigem Wellengang eine hohe Seetauglichkeit bedeutet und ein Überqueren auch größerer bewegter Wasserflächen trockenen Fußes ermöglicht. Außerdem lässt sich der Einbaum trotz seiner Länge erstaunlich leicht steuern und besitzt eine hohe Kursstabilität.

Von acht Tonnen Stamm zu zwölf Metern Boot

Insgesamt wurden in den Bau des Einbaums mehr als 400 Arbeitsstunden investiert. Vom ursprünglichen Stamm mit einem Volumen von mehr als 10 Raummetern und einem geschätzten Gewicht von über 8 t blieb nur noch ein Zwanzigstel übrig. Der fertige Einbaum ist nicht die Kopie eines Originals, sondern wurde in Anlehnung an die bronzezeitlichen Einbaumfunde vom Federsee unter optimaler Ausnutzung der Maße des Stammes gebaut. Er ist fast 12 m lang und etwa 60 cm breit.

Nun ist der Federsee aber Naturschutzgebiet, und eine Genehmigung zum Befahren ist aus verständlichen Gründen nur sehr schwer zu bekommen. Um unseren Einbäumen mal »Auslauf« zu ermöglichen, musste also eine Wasserstrecke gefunden werden, die in halbwegs erreichbarer Nähe lag und archäologisch »etwas zu bieten« hatte. Die Wahl fiel auf die Donau.

Um mit der Tour das Museumskonzept der »lebendigen Urgeschichte« aufzugreifen und einen gewissen Werbeeffekt nicht nur für die Archäologie, sondern auch für die beteiligten Institutionen zu erreichen, wurde beschlossen, an einigen Orten, die an der Fahrtstrecke liegen, steinzeitliche Techniken vorzuführen und Interessierten die Möglichkeit zum Mitfahren zu bieten.

Starke Strömung – mulmiges Gefühl

Am 26. Juli 2001 wurden die beiden Boote in Bad Buchau auf einen Tieflader gesetzt, der sie zum Startpunkt bringen sollte. Wir hatten den kleinen Ort Eining bei Kelheim gewählt, weil dort die Fähranlegestelle ein bequemes Einsetzen ermöglicht. Das Abladen bereitete keine Probleme, nur war der kleine Einbaum aus Eichenholz, den ich im Jahr zuvor gebaut hatte, in der Sonne so ausgetrocknet und gerissen, dass erst mal umfangreiche Abdichtungsarbeiten erforderlich waren, um seine Schwimm-fähigkeit wiederherzustellen.

Zwei Tage schauten wir nun schon ständig auf den Fluss unterhalb unserer Anlegestelle. Doch selbst mir als passioniertem Segler, der schon viel auf dem Wasser unterwegs war, wurde angesichts der Strömung der Donau, die hier mit der Geschwindigkeit eines flott ausschreitenden Fußgängers fließt, etwas mulmig. Das schien etwas anderes zu sein als das Meer, wo es zwar Wind und Wellen, aber nur wenig Strömung gibt. Hier standen wir quasi an einer Einbahnstraße, auf der es mit dem schweren Einbaum nur eine Richtung gab – flussabwärts! Wenn man allerdings beobachtete, mit welch abenteuerlichen Gebilden andere Leute auf dem Wasser fuhren – zusammengebundene Fässer, Autoreifen, quietschlila Gummikrokodile – dann sollte das auch für uns möglich sein.

Als wir am Sonntagvormittag endlich starten konnten, erwiesen sich meine Befürchtungen denn auch als weitgehend unbegründet, denn in der Tat nimmt einen die Strömung einfach mit, zum Steuern genügten wenige Paddelschläge. Nur – ein Zurück, das gab es nicht.

Die Tagesetappe sollte bis nach Kelheim führen, erste Haltestelle war der Strand unterhalb des Klosters Weltenburg. Hier wurden die ersten Passagiere an Bord genommen, die sich auf eine Zeitungs-notiz hin angemeldet hatten. Nun würde es durch den Donaudurchbruch gehen, den »bayerischen Grand Canyon«, einen der eindrucksvollsten Abschnitte im Oberlauf des Flusses, gefürchtet wegen seiner Strudel und dem regen Schiffsverkehr.

Kurzerhand gab ich das Steuerpaddel an einen der zugestiegenen Mitreisenden ab, der hier schon oft mit dem Kanu durchgefahren war und für den so ein Traum in Erfüllung ging. Mit den halb-stündlich verkehrenden Ausflugsdampfern gab es keine Probleme, und alle waren beeindruckt von der Schönheit der Landschaft. Vor Urzeiten hat sich hier die Donau ihren Weg durch den Fränkischen Jura gebrochen und eine einzigartige Kulisse geschaffen. Hoch aufragende weiße Kalkfelsen säumen den strudelnden Lauf des Wassers, Namen wie »Bayerischer Löwe«, »Bischofsmütze« oder »Riesenechse« erzählen von der Vielfalt der Formen, von steten Tropfen in Jahrmillionen aus dem Gestein herausgemeißelt. Gewaltige Kronen ural-

Im »bayerischen Grand Canyon«, dem Donau-durchbruch bei Kelheim.

Lebendige Steinzeit im Museumshof in Kelheim.

ter Eiben leuchten sattgrün aus den bunten Galeriewäldern, und die Ufer sind gesäumt von überhängenden Büschen.

In Kelheim angekommen, begab ich mich ins Stadtmuseum, um mit meinem Kollegen Lothar Breinl im Archäologiemuseum der Stadt nachmittags die Besucher zu unterhalten. Das Herstellen von Steinwerkzeugen, Feuermachen wie in der Steinzeit und vieles mehr war angesagt, und das Museum bot mit seinem schönen Innenhof das passende Ambiente.

Strapaze vor malerischer Kulisse

Der nächste Tag brachte wieder extrem heißes Wetter. Für die kommenden 48 Stunden sollten die Boote unser Zuhause sein, deshalb verstauten wir unsere Ausrüstung und starteten in den schönen Sommermorgen. Wie erwartet, ging es mit der Strömung schnell ostwärts, allerdings nur wenige Kilometer, dann machte sich die Stauwurzel des Wehres bei Poikam bemerkbar. Ab hier hieß es: Paddeln bis zur Schleuse, denn die vorhandene Bootsgasse, wo kleinere Fahrzeuge eine etwa 30 m lange Wasser führende Rampe benutzen können, um unterhalb mit der Strömung weiterzufahren, war für uns wegen der Länge und des Gewichts der »Seefeder« nicht benutzbar.

Schon mittags taten uns Muskeln weh, von deren Existenz wir bis dahin nicht mal etwas geahnt hatten. Eine unbarmherzige Sonne stach vom Himmel, auf den Stauseen ging nicht einmal ein Windhauch, und in mir stiegen Bilder von Galeerensträflingen auf. Doch das schöne Wetter und die

malerische Kulisse, die der Bayerische Wald mit Burgen, Klöstern und der Walhalla in der Ferne bot, entschädigte für die Strapazen. Am Abend erreichten wir nach 45 Flusskilometern – völlig durchgeschwitzt und halb verdurstet – Regensburg und fuhren, begleitet von winkenden und johlenden Menschen, unter der berühmten steinernen Brücke durch. Hinter dem Osthafen fanden wir einen einladenden Uferstreifen, zogen die Einbäume auf den Kies, machten ein kleines Feuer und fühlten uns fast so, als wären wir in einen Roman von Mark Twain versetzt worden. Wir beobachteten Bisamratten und Schlangen, die über den mondglitzernden Strom schwammen, und auf seinen Altarmen kreischte und flatterte es noch die ganze Nacht lang.

Ich machte es mir im Heck der »Seefeder« auf meinen Fellen gemütlich, und besser habe ich kaum je geschlafen. Am nächsten Morgen wurde ich unsanft geweckt: Ein großes Frachtschiff fuhr stromaufwärts und verursachte ziemliche Wellen, die bis zu den Booten hinaufliefen, die »Seefeder« anhoben und mehrfach auf dem Kies aufsetzen ließen. Jetzt machte sich gute Seemannschaft bezahlt. Wir hatten die Boote immer vertäut, auch wenn sie scheinbar sicher hoch auf dem Strand lagen. Andernfalls wären sie jetzt wohl weg gewesen.

Nach einem Kaffee ging es dem Tagesziel Straubing entgegen. Die letzten Kilometer waren die reinste Hölle. Alles tat weh, es gab keine Landemöglichkeit mehr außer im Vogelschutzgebiet, was sich von selbst verbot, also gaben wir alles und kamen im letzten Tageslicht an der Schleuse an. Unterhalb der Schleuse schleppte uns ein Sportboot auf der alten Donau stromauf bis zu unserem Liegeplatz, organisiert vom Direktor des Straubinger Tiergartens. Denn im Zoo warteten Kinder des Stadtjugendrings auf uns und unsere Steinzeitaktion. Und wir sollten die Ferienkinder in Empfang nehmen, die in den nächsten Tagen mit uns fahren wollten. Abends gab es ein gemütliches Grillfest, und zwischen brüllenden Löwen und Affengeschrei nahmen wir noch eine Mütze voll Schlaf.

Kinder paddeln tüchtig mit

Am nächsten Morgen – der Kollege Lothar Breinl vom Bayerischen Landesdenkmalamt war mittlerweile mit seinen beiden selbst gebauten Booten dazugekommen – ging es mit vier voll besetzten Einbäumen und zwei Redakteuren vom Bayerischen Rundfunk weiter stromabwärts. Die-

Schwimmender Untersatz

Wasser ist eines der Elemente, die unser Leben bestimmen, heute wie vor tausenden von Jahren. Flüsse, Seen und Meere können trennen, aber auch verbinden, wenn wir sie zu befahren wissen. Der Bau eines schwimmfähigen Untersatzes mit einfachsten Mitteln dürfte schon dem Homo erectus vor 400 000 Jahren zuzutrauen sein, wie die Besiedlungsgeschichte Indonesiens und Australiens nahe legt. Der Antrieb für solche frühen nautischen Experimente könnten Bevölkerungsdruck, Not, Hunger, Angeltouren auf dem falschen Kurs oder auch ganz einfach Neugier und Entdeckerdrang gewesen sein.

Eines der ältesten Wasserfahrzeuge der Welt: der Einbaum von Pesse, Provinz Drente, Niederlande.

Die ersten Wasserfahrzeuge der Urgeschichte

Aus der Altsteinzeit gibt es nur ganz wenige und zudem umstrittene Anzeichen für den Bau von Wasserfahrzeugen. Dazu gehört ein etwa 13 000 Jahre altes Geweihstück, das aus dem Husumer Hafen geborgen wurde und als Spant, also Teil des Gerüsts eines Fell- oder Hautboots, gedeutet wird. Der Fund wurde bisher der Ahrensburger Kultur zugeordnet und wäre somit über 10 000 Jahre alt gewesen. Eine unlängst vorgenommene Neudatierung ergab jedoch ein Alter von »nur« 6000 Jahren. Dietrich Evers hat vor Jahren ein solches »Kanu« mit Steinzeitgerät nachgebaut, es bestand mit Bravur seine Jungfernfahrt und steht heute im Bremerhavener Schifffahrtsmuseum.

Das älteste gesicherte Boot stammt aus Pesse in den Niederlanden. Der etwa 8000 Jahre alte und nur knapp 3 m lange Einbaum wurde aus einer großen Kiefer herausgearbeitet. Ein Nachbau erwies sich trotz erheblicher Zweifel als durchaus schwimmfähig. Aus dieser Epoche, der Mittelsteinzeit (ca. 11000 bis 7000 vor heute), sind europaweit mehrere Einbäume bekannt, einige dänische Exemplare weisen Längen bis zu 12 m und eine Bordwanddicke von nur etwa 1 cm auf. Zum Bau verwendete man vorwiegend Linde, aber auch Pappel, Erle und Eiche. Das Heck wurde selten aus dem vollen Holz herausgearbeitet, sondern mit einem Schott aus Eichenrinde verschlossen, sorgfältig in die Bordwände und den Boden eingenutet und mit Birkenpech abgedichtet. Manchmal findet man in den Booten Lehmplatten, auf denen Feuer gebrannt haben. Die Menschen dieser Zeit nutzten Seen und Flüsse zum Lebensunterhalt, als Jäger und Sammler fanden sie hier Rohmaterial und Nahrung in Hülle und Fülle.

Vom Einbaum zum geplankten Boot

Die darauf folgende Jungsteinzeit (ca. 7000 bis 5000 vor heute) brachte den Beginn von Pflanzenanbau und Viehhaltung, Keramik und entwickelter Steinwerkzeugherstellung mit sich. Handel und Wandel in weitaus größerem Ausmaß als bisher erforderten auch neue Transportwege. Im dem oft undurchdringlichen Urwald, der Europa immer noch bedeckte, waren Wasserstraßen eine gute Möglichkeit, Ladung ohne viel Mühe und Gefahr von einer Siedlung zur nächsten zu schaffen. Aus diesem Zeitabschnitt wurden bei archäologischen Ausgrabungen zahlreiche Einbäume gefunden. Am Ende der darauf folgenden Bronzezeit (ca. 5000 bis 2800 vor heute) ermöglichte schließlich verbessertes Werkzeug den prähistorischen Bootsbauern, den klassischen Einbaum um seitlich angesetzte Bretter zu erweitern und so die Entwicklung zum geplankten Boot, wie wir es heute kennen, einzuleiten.

Und er schwimmt doch –
Nachbau des Einbaums von Pesse.

ser Tag war ebenfalls sehr sonnig und wir waren froh, als wir mittags an einem Biergarten festmachen und Hunger und vor allem Durst löschen konnten. Die Kinder waren zuerst noch etwas vorsichtig, denn so voll besetzt ist ein Einbaum doch eine etwas kippelige Angelegenheit. Aber bald waren ihnen »Seebeine« gewachsen und alle griffen zu den Paddeln.

Abends zogen wir die Kähne in Stephansposching auf den Kies. Nur hier findet man noch die Kahnschnecke (Theodoxus danubialis), die bereits in der Jungsteinzeit gesammelt und als Kopfschmuck getragen wurde – ob in die Haare eingeflochten oder auf eine Haube oder ein Netz aufgenäht, ist unklar. Diese Schnecken wurden natürlich fleißig und mit Erfolg gesammelt, bevor wir anschließend zur nötigen Abkühlung ein Bad in der Donau nahmen, was seit einigen Jahren wieder bedenkenlos möglich ist. Wäre die hier geplante Staustufe tatsächlich realisiert worden, wäre es mit der Idylle schnell und für immer vorbei gewesen.

Am anderen Morgen meldete der »Seewetterbericht« schwere Gewitter, die im Laufe des Tages über uns hinwegziehen sollten. Weil überdies zwei der Kinder krank geworden waren, mussten wir die Tour hier leider abbrechen. Also machten wir uns noch einen schönen Tag am Strand, bauten Steinzeitgeräte wie Pfeile und Messer, schmückten

uns mit Muscheln und Schnecken und übten Speerschleudern, bis am Nachmittag der Himmel wirklich blauschwarz wurde und es mächtig zu grummeln begann. Am Ende mussten wir in die Autos flüchten, weil der Lagerplatz von hohen Bäumen umstanden war. Nach einer etwas feuchten Nacht wurden am nächsten Tag die Kinder abgeholt. Ein freundlicher Bauer verlud die Einbäume mit dem Frontlader auf den Lastwagen, der sie sicher wieder nach Bad Buchau brachte.

Fluss ohne Wiederkehr

Eines ist uns während dieser Fahrt klar geworden: Einbäume von stein- und bronzezeitlichem Zuschnitt sind auch sehr gut für Flussfahrten geeignet. Zwar führte die Donau Niedrigwasser und wir mussten uns um Strudel oder Stromschnellen wenig Sorgen machen. Aber auch an heiklen Stellen waren die Fahrzeuge sehr gut steuerbar und »seetüchtig«, auch wenn mal ein »großer Pott« vorbeikam und eine ordentliche Welle schob. Nur eines ist unmöglich oder nur mit einer größeren Besatzung machbar – gegen den Strom zu paddeln. Wir haben es selbst bei der relativ langsamen Strömung nicht oder nur unter vielen Mühen geschafft, das große Boot zurückzurudern. Und wenn, dann auch nur für kurze Zeit, obwohl wir gut im Training waren.

Ein Feuersteintransport die Donau hinab, beispielsweise von Abensberg nach Krems, erscheint uns also mit dem Einbaum eher unwahrscheinlich, weil eine Rückfahrt auf dem Wasserweg ausfällt. Nicht mal Treideln ginge, weil das Ufer damals sicher unbefestigt war und weglos, durchzogen von Sümpfen und Altarmen. Und einen Einbaum in »Bayern« zu bauen und in »Österreich« zusammen mit dem Silex zu verhandeln, erscheint uns auch nicht gerade praktisch, wenn man bedenkt, wie viel Arbeit in einem Einbaum steckt. Außerdem werden die Leute flussabwärts sicherlich auch den Bootsbau beherrscht haben. Ein Transport macht einzig dann Sinn, wenn er auf einem einfachen Floß erfolgt, das schnell für den Zweck gebaut und hinterher als Feuer- oder Bauholz verbraucht oder schlicht irgendwo liegen gelassen wurde.

Diese Fahrt war ein Abenteuer der besonderen Art, und mein Dank gilt allen freundlichen Menschen, die uns unterwegs mit Rat und Tat zur Seite gestanden haben, vor allem Lothar Breinl, ohne den das ganze Unternehmen sehr viel schwieriger und sicher nicht halb so schön geworden wäre.

Tiergarten Straubing – Lothar Breinl erklärt die Feuersteinbearbeitung.

Haare, Hüte, Hosenanzüge

Trachten der Bandkeramik und ihre Rolle im Ahnenkult

VON JENS LÜNING

Unter den neolithischen Kulturen Mitteleuropas bietet die Bandkeramik mit ihren menschengestalteten Tonfiguren ein einzigartiges Quellenmaterial, um daraus Frisuren, Kopfbedeckungen und Bekleidung von Männern und Frauen zu rekonstruieren. Die auch als Idole bezeichneten Figuren sind meist 10 bis 35 cm groß und dürften nach einer neueren Deutung vor allem im Ahnenkult eine wichtige Rolle gespielt haben. Mit religiösen und magischen Praktiken hängt zweifellos auch zusammen, dass sie fast alle absichtlich in kleine Bruchstücke zerschlagen worden sind.

Ergänzend stehen die Totenausstattungen der zahlreichen Grabfunde zur Verfügung, allerdings fehlen darin die für die Tracht wesentlichen textilen Überreste, und zudem hat die Forschung das Material für derartige Fragen noch nicht systematisch genug ausgewertet.

In den Siedlungen bezeugen Spinnwirtel und Webgewichte, dass man prinzipiell Flachs und Wolle verspinnen und daraus auf einem Gewichtswebstuhl Gewebe herstellen konnte. Aus den neuerdings entdeckten bandkeramischen Brunnen sind grobe und feine Geflechte und vielleicht auch Gewebe zutage gekommen, die aus

Kückhoven, Stadt Erkelenz, Rheinland. Aus einem bandkeramischen Brunnen stammt dieses großteils erhaltene, leinenbindige, engmaschige Geflecht/ Gewebe aus Pflanzenfasern im Spannrahmen, das als Sieb diente. Länge etwa 40 cm.

◤ Abdruck eines Leinengewebes auf einem bandkeramischen Hüttenlehmbrocken aus Hesserode, Lkr. Melsungen, Nordhessen.

Pflanzenfasern bestehen. Botanische und zoologische Überreste zeigen außerdem, dass die frühen Bauern Lein anbauten und Schafe hielten, ohne dass man entscheiden könnte, ob beides tatsächlich zur Produktion von Flachs und Wolle gedient hat.

Sensationell ist daher ein verbranntes Lehmstück aus Nordhessen mit den Abdrücken eines leinwandbindigen Gewebes aus Lein. Ob die bandkeramischen Schafe schon genügend Wolle in ihrem Haarkleid hatten, ist umstritten, doch auch die Haare lassen sich gut verspinnen, und Unterwolle besaßen die Tiere in jedem Fall. Für Leder und Felle standen die Haus- und Wildtiere zur Verfügung, und stets wurden auch spezielle Felltiere wie Biber, Marder, Dachse und Füchse gejagt.

»Bandkeramikerin« mit Webschwert am rekonstruierten Stehenden Gewichtswebstuhl.

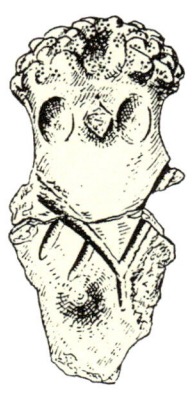

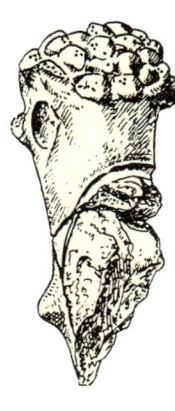

Kopf- und Brustpartie eines weiblichen Idols mit rot gefärbten Locken (Oberkopf-Lockenfrisur) aus Eilsleben, Bördekreis (westlich Magdeburg), Sachsen-Anhalt. Über der Stirn eine Delle. Der V-förmige Gewandausschnitt ist zusätzlich verziert. Der Nacken wirkt ausrasiert. Höhe 10,5 cm.

Dargestellt werden bei den Idolen außer den Menschen auch Haustiere und Tier/Mensch-Mischwesen. Geschlechtlich eindeutig bestimmen kann man anhand der modellierten Brüste weibliche Idole, und es liegt wegen dieser ausdrücklichen Kennzeichnung nahe, die ebenso zahlreichen Idole ohne Brüste als männlich zu deuten. Tatsächlich bewährt sich dieses Prinzip, denn die auf diese Weise getrennten Männer und Frauen werden auch kulturell durch Trachtmerkmale voneinander unterschieden, wie noch an anderer Stelle ausgeführt wird.

Nur ausnahmsweise hat man das weibliche und das männliche Geschlechtsteil abgebildet. Diese Hervorhebung dürfte, wie so viele andere Form- und Verzierungseigenschaften der Idole, besondere Kräfte der abgebildeten Ahnen symbolisch-demonstrativ vor Augen führen. Normalerweise waren bei den Figuren die Körper unter Kleidung verborgen. Die Menschenfiguren stehen oder sitzen. Ihre Hände werden entweder, ein Gefäß haltend, nach vorne gestreckt oder sie sind energisch in die Hüfte gestemmt, sodass eine herausfordernd-repräsentative Körperhaltung mit ausgewinkelten Ellenbogen entsteht.

Das Idol von Zschernitz, Lkr. Delitzsch, Sachsen. Höhe 8,2 cm.

Nur in Einzelfällen hat die bisherige Forschung Formen und Verzierungen der Tonplastik als realistische Elemente von Kleidung oder Schmuck gedeutet, beispielsweise als Armringe oder Gürtel. In zusammenfassenden Arbeiten sind diese Hinweise bisher nicht aufgegriffen worden. Dabei drängt sich eine realitätsnahe Interpretation vor allem bei den plastisch modellierten Lockenfrisuren der Frauen geradezu auf, sollen sie doch ganz offensichtlich ehemals existierende Haartrachten darstellen. Sind aber die Haartrachten realistisch gemeint, muss das auch für die gesamte Plastik gelten. Den Kopfputz der Männer ebenfalls als Frisur zu deuten, verbietet sich angesichts der extremen Formen, sodass Hüte gemeint sein müssen. Bandkeramische Frauen werden also mit ihrer Haartracht dargestellt, Männer tragen Hüte.

Ritzlinien – mehr als Ornamentik

Ein entscheidender Durchbruch für alle weiterführenden Deutungen gelang drei Frankfurter Studentinnen, als sie anhand eines Köpfchens aus Ostheim, Wetterau, erkannten, dass die Ritzlinien darauf nicht die Zöpfe selbst, sondern deren seitliche Begrenzungen darstellen. Zu jedem Zopf gehören also zwei Ritzlinien, die ihn vom übrigen Haar abgrenzen. Wenn daher diese Ritzlinien als Grenzlinien zwischen verschiedenen stofflichen Oberflächen gedeutet werden müssen, dann sollte auch die große umlaufende »Gesichtslinie« die Grenze zwischen der Haut des Gesichtes und der Haarfläche darstellen, also den Haaransatz.

Diese beiden Erkenntnisse, der Realitätsbezug der Frisuren und die Abgrenzungsfunktion der Ritzlinien, sind nun der Schlüssel, um die Ornamentik, die oftmals Teile des Körpers der Tonfiguren bedeckt, als Wiedergabe der ehemaligen Kleidung und des Schmucks zu begreifen. Die Linien trennen entweder unterschiedliche Materialien

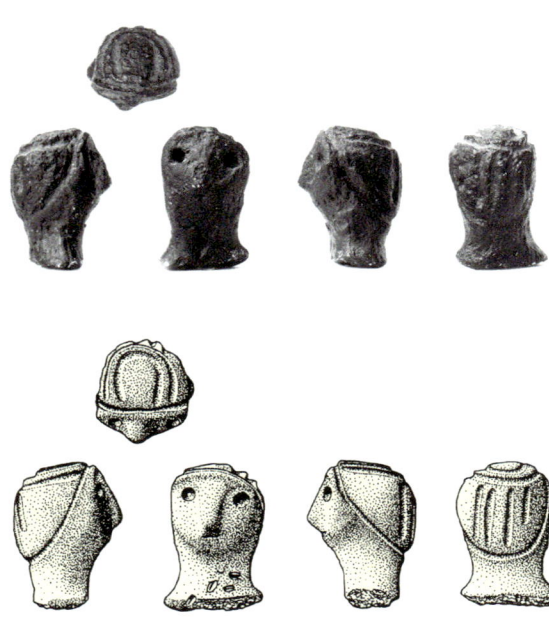

»Bandkeramikerin« mit Zopffrisur vom Typ Ostheim.

Der Kopf von Ostheim, Nidderau, Main-Kinzig-Kreis/Wetterau. Höhe 4,2 cm.

wie Leinen, Wolle, Leder und feine Geflechte oder sie trennen unterschiedliche Farbflächen der Leinenkleidung voneinander.

In den Ritzlinien der Tonfiguren gibt es manchmal noch Spuren von schwarzer, weißer, roter oder gelber Farbe, die man wohl, wie einige besser erhaltene Tongefäße zeigen, als Überreste von ehemals flächendeckenden Farbpasten ergänzen darf. Einige sehr gut erhaltene Idole aus Serbien, die deutliche Ähnlichkeiten mit den bandkeramischen Tonfiguren haben, beweisen, dass diese Rekonstruktion richtig ist. Die allermeisten Körperverzierungen der Tonfiguren kann man nach diesem Prinzip als Wiedergabe verschiedenartiger Flächen deuten, nur in wenigen Fällen stellen die Ornamente linienartige Muster dar.

Die im Kult verehrten Ahnen waren den Bandkeramikern entweder noch namentlich bekannt oder sie reichten in legendäre oder mythische Vor-

zeiten zurück. Auch wenn es sich daher bei den Frisuren, Hüten und Kleidern vielleicht nur um eine schon damals als altertümlich angesehene historische Tracht gehandelt haben sollte, so wirft sie doch ein Licht auf die »modischen« Möglichkeiten jener Zeit. Tatsächlich zeigen einige Grabfunde, dass Menschen in dieser Tracht bestattet wurden. Vermutlich handelt es sich um die Priesterinnen und Priester der Kulte, die also zeitweise in dieser Ritual- und Festtracht zu sehen waren. Ob die Menschen im Alltag und bei der Arbeit ähnlich gekleidet waren, ist bisher unbekannt.

Studenten machen Mode

Für eine Ausstellung beim Hessentag in Heppenheim an der Bergstraße im Juni 2004 haben Studierende des Faches Vor- und Frühgeschichte

↙ Das am besten erhaltene Gefäß der Bandkeramik stammt aus einem Grab in Sondershausen, Thüringen. Aus der schwarzbraunen Brennfarbe des glänzend polierten Tons tritt ein mattes, mit intensiver Rötelfarbe bedecktes Mäandermuster hervor. Höhe 14,3 cm.

↓ Die »Lady of Vinča«, Serbien, Vinčakultur. Sitzende weibliche Figur mit zweifarbigem Obergewand (Farben nach Überresten rekonstruiert). Vorne V-förmiger Ausschnitt, hinten leicht erhöhter Nackenschutz mit waagerechtem Abschluss. Auf dem Gesicht Maske mit »Geheimratsecken« und hinten Löchern für einzuhängende Haare.

a: Bein eines Idols aus Jacovce, Slowakei, mit Angabe von Sandalen oder Schuhen.

b: Rechtes Bein einer hohlen Idolfigur aus Nieder-Mörlen, Stadt Bad Nauheim, Wetteraukreis. Die Linien waren rot, die Einstiche weiß inkrustiert. Länge 5,4 cm.

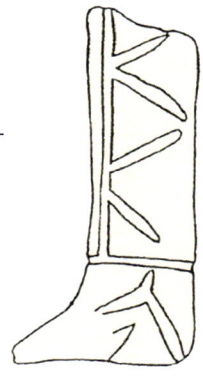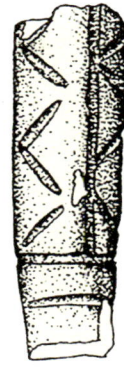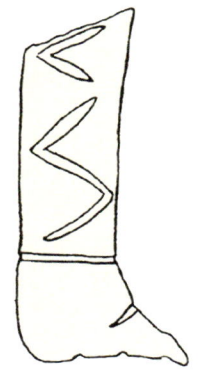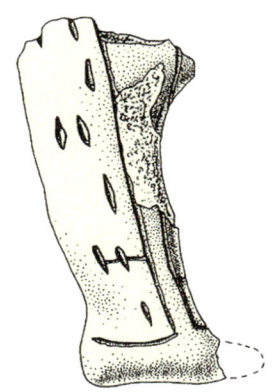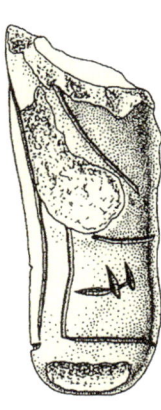

a   b

der Johann Wolfgang Goethe-Universität Frankfurt am Main bandkeramische Frisuren, Hüte und Kleider nach den Darstellungen der Idole rekonstruiert und vorgeführt. Bei den Frauen kann man fünf Frisurentypen unterscheiden:

Typ 1: »Oberkopf-Lockenfrisur«. Die Locken sitzen auf dem Oberkopf. Das Idol von Eilsleben, westlich von Magdeburg gelegen, hat einen ausrasierten Nacken und eine rätselhafte Delle auf der Stirn; Locken und Delle sind rot gefärbt. Durch Eindrehen und Festigen der Haare lassen sich die als runde Buckel ausgebildeten Locken leicht rekonstruieren. Die Kopf- und Brustpartie gehörte zu einer großen, sitzenden oder stehenden Frauenfigur.

Typ 2: »Hinterkopf-Lockenfrisur«. Die Locken sitzen am Hinterkopf, am Vorderkopf liegen die Haare glatt an. Beispielhaft ist ein Idol mit menschlich-tierischem Haupt aus Vel'ký Grob, Slowakei. Dazu kommt ein Menschengesicht aus Aba in Westungarn, bei dem drei geritzte Bogenlinien die Grenze zwischen Gesicht und Haar markieren und die hintere, fast umlaufende Linie diejenige zwischen glattem und gelocktem Haar. Bei dem Köpfchen aus Vel'ký Grob sind zwei der drei Bogenlinien ebenfalls angegeben. Die Rekonstruktion bringt diese Dreigliederung anschaulich zum Ausdruck.

Typ 3: »Zopffrisur mit Haarkranz«. Nach dem Vorbild des Köpfchens von Ostheim in der Wetterau wird das Haar in fünf Strähnen aufgeteilt. Aus

»Bandkeramikerin« mit Oberkopf-Lockenfrisur im Emmer- und Einkornfeld.

»Bandkeramikerin« mit Hinterkopf-Lockenfrisur.

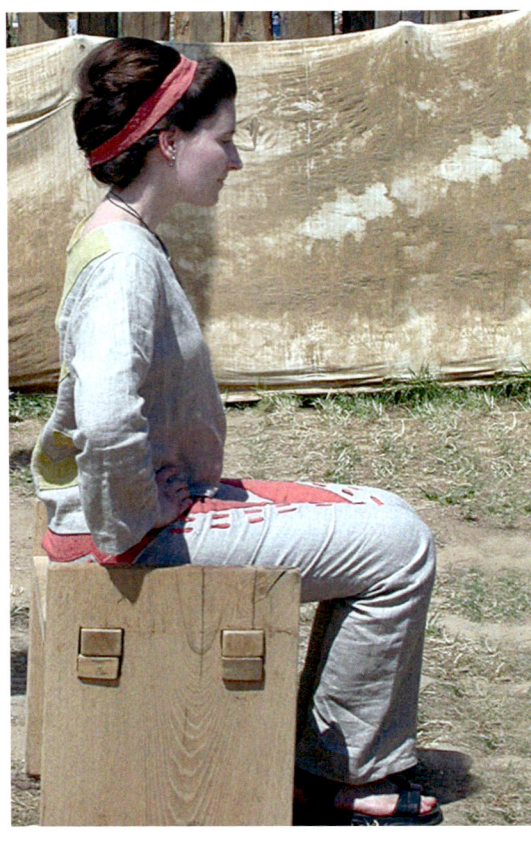

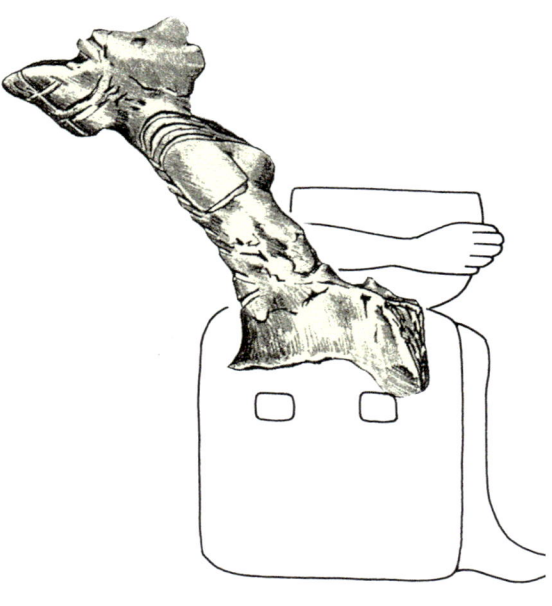

»Bandkeramikerin« mit Bänderhaubenfrisur in bandkeramisch-repräsentativer Haltung mit abgewinkelten Armen auf einem Bankthron.

Weibliches Idol von Bicske, Komitat Fejer, Westungarn. Wegen der Abbruchzone am Bauch kann ein Gefäß ergänzt werden. Höhe des Bruchstücks 11,2 cm.

den mittleren drei Strähnen am Hinterkopf werden drei Zöpfe geflochten, nach oben gebogen, dort zu zwei Zöpfen vereinigt und zugleich mit je einer der seitlichen Strähnen eng am Kopf verflochten. Die so neu entstandenen beiden Zöpfe umgeben den Kopf in einem nach vorne offenen Kranz; sie werden vorne oberhalb der Stirn festgesteckt.

Typ 4: »Bänderhaubenfrisur«. Die Sitzfigur aus Bicske in Westungarn hat am Hinterkopf einen kastenartigen Aufbau, den waagrechte und senkrechte Ritzlinien umgeben; eine bogenförmige Linie trennt ihn vom Gesicht. Wegen des rechtwinkligen Liniengeflechts handelt es sich vielleicht nicht um Zöpfe, sondern um Bänder, die den Aufbau haubenartig zusammenhalten: Dies ist bisher nicht rekonstruiert worden. Ein erster Versuch arbeitete mit Zöpfen und einem Querband, das die »Haube« vom Kopf absetzt. Dieses Querband fehlt beim Original von Bicske, ist aber vielleicht wegen der starken Einschnürung zwischen Kopf und Haube gerechtfertigt. In einem anderen Versuch behielten die Haare, die hinter dem Querband über eine Einlage gelegt waren, ihre Form durch geschicktes Stecken mit Nadeln.

Typ 5: »Schneckenhaubenfrisur«. Das Tonidol aus Rockenberg in der Wetterau ist nur mit Einsti-

chen verziert. Das Gesicht ist schlicht, aber eindeutig mit wenigen Punkten angegeben, die Nase im Profil unbeschädigt. Um die haubenartige Frisur laufen drei Stichreihen herum, auf der Kopfplatte sind es sechs. Auf dem Rücken sitzt das bekannte Winkelmuster, vier Winkel sind erhalten; von diesem zieht den Nacken hinauf ein zweizeiliges Stichband. Daher befindet sich der Buckel auf der rechten Körperseite in Schulterhöhe und stellt einen Armansatz dar; die gegenüberliegende Seite ist abgeschlagen. Weitere Abbruchspuren unter beiden Schulteransätzen zeigen, dass die Oberarme am Körper anlagen und oberhalb der Ellbogen mitsamt dem Körper zerstört worden sind. Vorne, im Winkel

Stichverzierter Kopf aus Rockenberg, Wetteraukreis, Hessen. Höhe 6 cm.

Aiterhofen, Lkr. Straubing-Bogen, Niederbayern. Grab einer etwa 60 Jahre alten Frau. Die fünf Reihen aus 91 gelochten Wasserschnecken aus der Donau (Theodoxus danubialis) über dem Kopf waren offensichtlich auf einem Haarnetz oder einer Haube aufgenäht. Vor der Brust, also ursprünglich am Obergewand befestigt, drei Gehänge aus rechteckigen Kalksteinperlen und Schneckenhäusern. Am Bauch eine Spondylusschale mit zwei Löchern als Teil des Gürtelverschlusses.

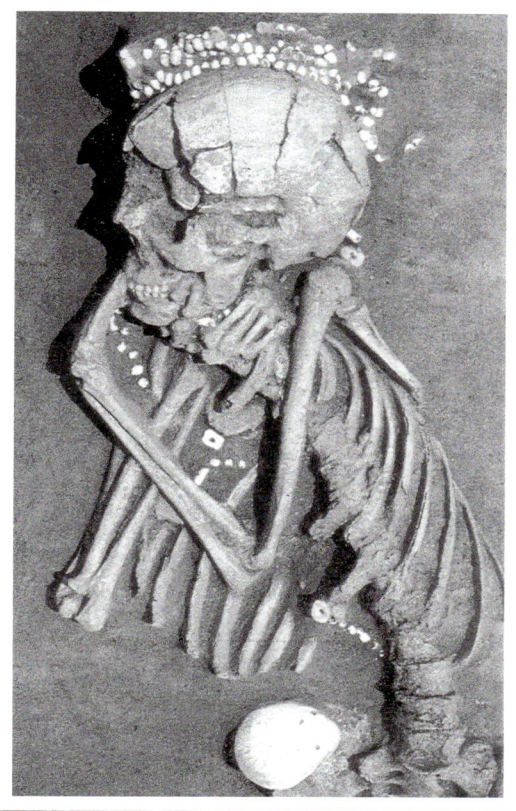

lich von einer Hauben- oder Haarnetzverzierung stammen. Weitere 143 derartige gelochte Schnecken gab es in unterschiedlich großen Gruppen vorwiegend am Hals und Schädel. Vor der Brust fanden sich drei Kalksteinperlen mit Schneckengehänge, und am Bauch lag die runde Schale einer Spondylusmuschel, die aus dem Mittelmeerraum stammt und den eigentlichen Gürtelverschluss bedeckte.

Typ 6: »Ährenfrisur«. Bei den Männern sind die Haare in der Regel unter den Hüten verborgen. Nur das männliche Tonidol aus Cifer-Pác, Slowakei, wurde hutlos abgebildet: Eine vordere, bogenförmige Ritzlinie trennt das Gesicht vom Haaransatz, und vier Linien auf dem Ober- und Hinterkopf begrenzen drei Zöpfe, ganz wie bei dem Kopf aus Ostheim; möglicherweise gab es außen je einen weiteren Zopf. In diesem Falle wurden keine frei hängenden, sondern eng an den Kopf geflochtene Zöpfe rekonstruiert, eine »Ährenfrisur«, die traditionell in Afrika getragen und in Europa als trendiger Modestil gepflegt wird (»corn rows«).

»Bandkeramiker« mit Ährenfrisur im Ährenfeld.

↓ Sitzender Mann aus Cifer Pác, Slowakei, der auf einem getrennt gearbeiteten Thron saß und wohl eine Schale in seinen Händen hielt. Höhe mit Ergänzung 15 cm.

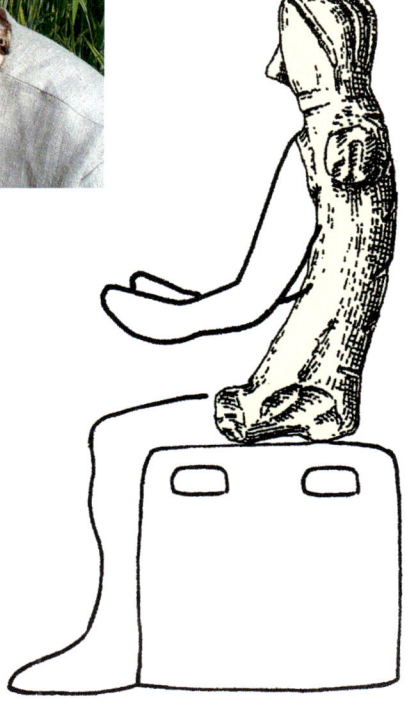

Eine »Bandkeramikerin« trägt ein Haarnetz mit exotischen, bunten Schnecken auf der Kopfplatte und in den beiden oberen Reihen; darunter folgen zwei Reihen schlichter Nordseeschnecken (Litorina litorea).

zwischen Arm und Oberkörper, sind nach dem Anbringen der Arme in zwei senkrechten Reihen vier bzw. drei Stiche schräg eingestochen worden. Wahrscheinlich stand oder saß die Figur ehemals und trug mit abgewinkelten Unterarmen in ihren Händen ein Gefäß.

Die Einstiche werden aufgrund eines Grabfundes (Grab 32) aus Aiterhofen bei Regensburg, Niederbayern, als Schneckenschmuck gedeutet. Bei der mehr als 60 Jahre alten Frau lagen über dem Kopf in fünf Reihen 91 gelochte heimische Süßwasserschnecken (Theodoxus danubialis), die offensicht-

Behütete Häupter

Die männlichen Tonfiguren der Bandkeramik sind mit erstaunlich vielgestaltigen Kopfbedeckungen ausgestattet. Diese können aus Leder, Geflechten, Zunderpilz, Leinen oder Filz und auch aus Kombinationen dieser Materialien bestanden haben. Bei den Rekonstruktionen fiel die Wahl auf Filz. Er ist zwar archäologisch erst sehr viel später nachgewiesen, sein Ausgangsmaterial, die haarreiche Wolle der bandkeramischen Schafe, war aber in allen Siedlungen vorhanden. Die Technik des Filzens ist recht einfach. Für die Farbkontraste wurde bei den Rekonstruktionen natürliche schwarze, hell- und dunkelgraue Wolle gewählt. Die Hüte können aber auch viel bunter gewesen sein, weil die Farbenvielfalt der neolithischen Schafe der der Mufflons ähnlich und damit erheblich größer gewesen sein soll.

Man kann bei den Tonidolen vier Typen von Hüten unterscheiden:

Typ 1: Der »Rundhut« ist in der Aufsicht rund und wird bei einem Idol aus Boskovštejn in Tschechien von einem Mann getragen. Dessen Hut lädt stark nach hinten aus, sodass der vordere Rand über der Stirne liegt. Drei Linien auf der Kopfplatte trennen vier Farbstreifen voneinander. Ein hessisches Köpfchen aus Nieder-Mörlen besitzt ein attraktives sanduhrförmiges Kopfplattenmotiv.

Runde, verzierte Kopfplatte eines Idolköpfchens aus Nieder-Mörlen, Stadt Bad Nauheim, Hessen (Durchmesser 2,3 cm) und danach rekonstruierter Filzhut.

Typ 2: Ein »Ovalhut« findet sich bei einem weiteren Idol aus Boskovštejn, Tschechien, weil er breiter als lang ist. Auch er lädt hinten weit aus. Sein Ornament stammt von einem Idolkopf aus Bojanovice in Tschechien.

Typ 3: Sehr häufig kommt der »Dreieckshut« (»Dreispitz«) vor. Die drei ausladenden Ecken sind bei den Tonfiguren meist abgebrochen, oft auch die dazwischen liegenden Hutränder, doch ist der Typus in der Regel sicher zu erkennen. Besonders gut erhalten blieb ein ungewöhnlich großer Idol-

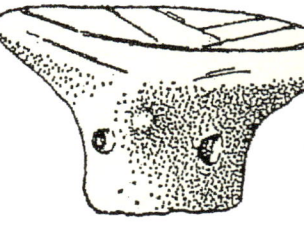

Idolkopf aus Bojanovice, Tschechien.

»Bandkeramiker« mit Dreieckshut in bandkeramischer Repräsentationshaltung auf einem Bankthron.

»Bandkeramiker« mit Fassadenhut und der Nachbildung einer steinernen Scheibenkeule in Repräsentationshaltung auf dem Bankthron.

Nach dem Idolkopf aus Bojanovice rekonstruierter Filzhut.

Idolkopf aus Sukoró-Tóradülö, Westungarn (Höhe 5,8 cm).

Auf den Rücken von zwölf »bandkeramischen« Ahnenpriesterinnen und -priestern fallen besonders die Clansymbole ins Auge.

kopf aus Weimar. Sein im Längsschnitt hoch aufgewölbter Kopf macht deutlich, dass mit dem »Buckel« über der Stirn bei dem Stück aus Sulzfeld-Kleinbardorf und bei vielen anderen die Schädelkalotte gemeint ist. Ein stark zerstörtes Kopfbruchstück aus Schröck, Stadt Marburg/Lahn, dessen Verzierung dennoch erkennbar ist, diente als Vorbild für die Ornamentierung eines entsprechenden Filzhutes. Die Bandkeramiker trugen den Dreieckshut so, dass eine Spitze nach hinten ragte, während die beiden anderen Ecken breit ausladend dem Kopf von vorne ein imposantes Aussehen verliehen.

Typ 4: Der »Fassadenhut« des Idolkopfes aus Sukoró-Tóradülö in Westungarn trägt seinen Namen wegen der fassadenartig aufragenden Rückfront. Für die Rekonstruktion ist wichtig, dass die waagrechte und die senkrechte Partie beim Idol gleich lang sind. Zwei Bogenlinien beiderseits der Augen markieren die Grenze zwischen Gesicht und Haar sowie oben die Grenze zum Hut und die waagrechte Linie auf dem Rücken diejenige zwischen Kleidung und Hals. Das übrige Linienornament kann man ohne Schwierigkeiten in ein farbiges Streifenmuster umsetzen, wobei die waagrechte Linie über den Augen die Grenze zwischen dem vorderen Hutrand und dem Streifenfeld darstellt. Um die Fassade aufzurichten, müssen die Bandkeramiker ein Gestell eingebaut haben.

Zwölf Kostüme nach Maß

Die Bandkeramiker hatten, wie dargelegt, ganz verschiedene Materialien zur Verfügung, um daraus ihre Kleidung herzustellen. Für die hier vorgestellten Rekonstruktionen fertigte stud. phil. Silke Becker aquarellierte zeichnerische Entwürfe der Vorder- und Rückansicht an und schneiderte danach aus Leinenstoff je sechs Kostüme für Frauen und Männer.

Es gibt nur wenige besser erhaltene Idolkörper, und in der Regel mussten die stark zerbrochenen Körperteile recht willkürlich von unterschiedlichen Fundorten kombiniert werden, um eine vollständige Ausstattung zu erhalten. Die zwölf Kostüme stellen daher vorwiegend Ideal- und keine Realrekonstruktionen dar. Andererseits sind viele Verzierungsmotive überregional verbreitet, sodass die Menschen der verschiedenen Fundorte ähnliche Kleider getragen haben müssen.

Die von den eingeritzten Ornamenten ableitbaren Verzierungsmuster wurden als flächige Applikationen aus gefärbtem Leinen auf den hellen Leinenstoff aufgenäht. Bei den seltenen linienförmigen Ornamenten wurden schmale Leinenstreifen entweder ebenfalls aufgenäht oder durch den Kleiderstoff geflochten; stattdessen wären auch eingeflochtene Lederstreifen oder Schnüre denkbar gewesen. Zum Zusammennähen der Stoffe brauchte

man im Neolithikum, wie heute, Nähnadeln. Es wurden bisher jedoch nur wenige Nadeln aus Knochen gefunden, weshalb man annimmt, dass die Mehrzahl aus dem leicht vergänglichen Material Horn bestanden hat.

Für die Kleiderfarben ist man auf die bereits erwähnten mineralischen Farbreste in den Ritzlinien der Figuren angewiesen – schwarz, weiß, rot und gelb -, die man allerdings sicherlich um das reiche Spektrum der bandkeramischen Färberpflanzen erweitern darf: Gelbtöne werden beispielsweise aus der Rinde von Schwarzpappeln oder aus Haselnuss- und Birkenblättern erzeugt. Rottöne gewinnt man aus Birken- und Schlehenrinde sowie aus den Wurzeln der Silberweide und dem Kraut des Weißen Gänsefußes. Faulbaumbeeren färben blau, Holunderblätter grünlich, Holunder- und Erlenrinde ergeben einen schwärzlichen Ton.

Da man Pflanzenfasern wie den Lein nicht direkt färben kann, muss man sie vorher mit einer Beize behandeln. Dafür konnte man u. a. Bärlapp, Sauerampfer, gerbstoffhaltige Substanzen wie etwa Eichenrinde oder ausgefaulten Urin benutzen. Die Auswahl der Farben und ihre Zuweisung zu Motiven und Motivteilen der Idole ist in den Rekonstruktionen also zwar willkürlich, die ehemalige Farbigkeit der Idole muss jedoch als erwiesen gelten.

Streifen, Winkel, Rhomben

Die zwölf realisierten Kostüme stellen natürlich nur eine Auswahl aus dem Idolmaterial dar. Vier davon sollen hier als Beispiele dafür dienen, wie bei der Rekonstruktion vorgegangen worden ist.

1. **Modell Bicske**, Westungarn: Das häufige und weit verbreitete Rückenmuster aus gestapelten, stehenden Winkeln vereinfacht sich im Aquarellentwurf zu zwei auffallenden farbigen Streifen, die auch im geschneiderten Kostüm stark hervortreten. Auf der Vorderseite des Idols wird der spitze Ausschnitt von zwei Zierstreifen geschmückt, denn die beiden äußeren Linien enden auf der Schulter; sonst könnte man auch an einen dekorativen Brustschmuck denken. Eine waagrechte Linie im Hüftbereich schmückt entweder den unteren Abschluss der Jacke als Farbstreifen oder stellt einen Hinweis auf den hier häufig angegebenen Gürtel dar. Das Muster der Hosenbeine ist einem Beinbruchstück aus Diemarden bei Göttingen entnommen.

2. **Modell Maiersch**, Niederösterreich: Das Winkelfeld im Rückenmuster der Jacke dieser Sitzfigur ist stark verschmälert und gibt Raum für beiderseits flankierende, breite Seitenornamente, die im Entwurf durch Farbwechsel hervorgehoben werden. Die auf dem Rücken waagrechte untere Begrenzungslinie geht in den Hüftbogen und dann in ein Beinmuster über. Sie muss also schon zur Hose gehören und markiert in vereinfachter Weise hinten deren oberen Abschluss oder auch einen

Stehende Männerfigur aus Nové Vozokany, Slowakei, mit einer Opferschale in den Händen. Höhe 8,7 cm.

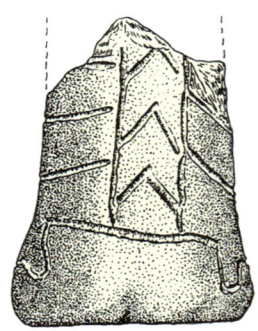

Das sitzende Idol von Maiersch, Niederösterreich, von hinten. Die Beine sind abgebrochen. Höhe 8,1 cm.

Eine »Bandkeramikerin« mit Schneckenhaube trägt das »Modell Bicske«.

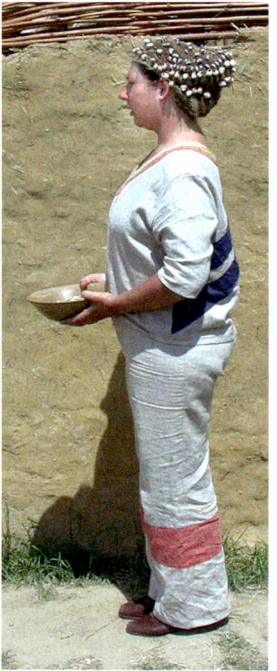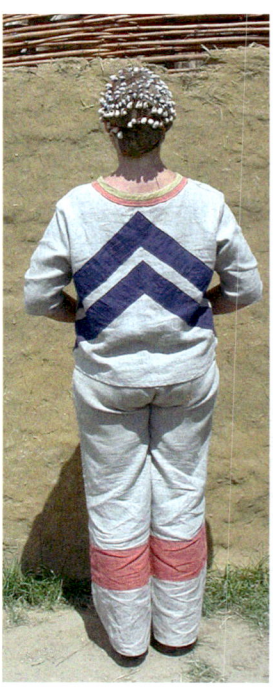

Gürtel. Im geschneiderten Kostüm wird sie als bunter Hosenrand gedeutet. Die Hosenbeine entsprechen einer Idolvorlage aus Jakovce, Slowakei.

3. **Modell Nerkewitz**, Thüringen: Bei dem stehenden männlichen Idol, das vom Kopf bis fast zum Knie vorhanden ist, handelt es sich um eine der am besten erhaltenen Figuren überhaupt. Es trägt auf dem Haupt einen Dreispitz und stemmt beide Arme in der üblichen Repräsentationshaltung in die Seite. Das Gewand schließt am Hals mit einer umlaufenden Linie ab und bildet vorne einen »runden Ausschnitt«. Jacke und Hose werden durch eine ebenfalls umlaufende Linie getrennt. Die Hose hat oben einen einfachen und entlang der abzweigenden Hüftbogenlinie einen doppelten Stichsaum. Der Hüftbogen und eine weitere Linie führen seitlich und vorne den Oberschenkel hinab und lassen sich entweder bis zum Knie oder bis zu den Füßen ergänzen, Letzteres mithilfe eines Beinfragments von Nieder-Mörlen in der Wetterau. Das verschachtelte Rückenmuster fügt sich bei unterschiedlicher Farbgebung der Teilflächen zu einem markanten »Wappenbild« zusammen.

4. **Modell Clanzschwitz**, Sachsen: Das mit Kopf und Brust erhaltene Idol trägt auf dem Kopf einen stark bestoßenen Dreieckshut. Auf dem Rücken hat es ein beschädigtes und wohl etwas verzeichnetes Motiv, das aus zwei übereinander stehenden Rhomben mit drei Farbzonen besteht. Das Leinenkostüm verdeutlicht dieses Ornament und zeigt außerdem, wie die Umsetzung der Ritzungen auf

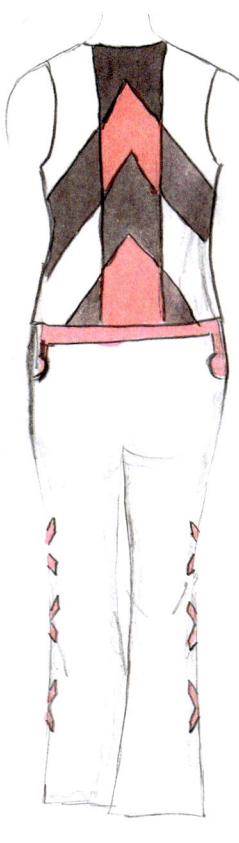

»Modell Maiersch«.

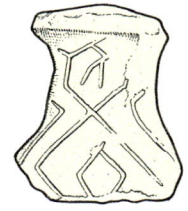

Oberteil eines Idols mit stark beschädigtem Dreieckshut aus Clanzschwitz, Gde. Liebschützberg, Lkr. Torgau-Oschatz, Sachsen. Höhe 6,6 cm.

Ein »Bandkeramiker« mit Ovalhut und einem Muschelring am Oberarm zeigt das »Modell Clanzschwitz«.

dem Unterleibfragment des »Adonis von Zschernitz« aussieht, das für dieses Modell herangezogen wurde.

Abbilder der Ahnen

Die Idole, also die Tonfiguren von Menschen, Tieren und Tier/Mensch-Mischwesen, werden neuerdings mit vielfältigen Argumenten als Abbil-

Das gut erhaltene Idol aus Nerkewitz, Kreis Jena, Thüringen. Höhe des Originalbruchstücks 12 cm, der ergänzten Figur 18 cm.

»Modell Nerkewitz«.

Ein »Bandkeramiker« mit Ährenfrisur führt das »Modell Nerkewitz« vor.

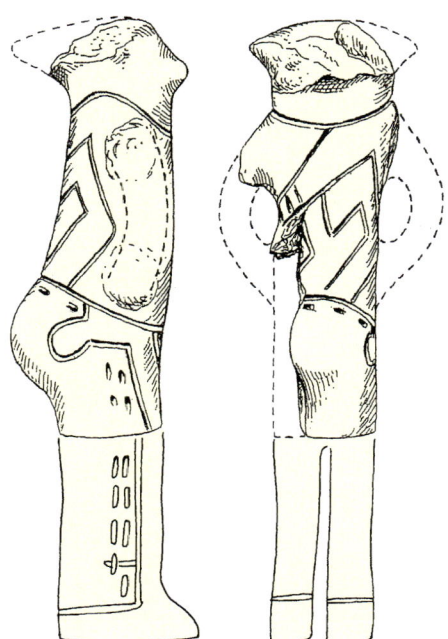

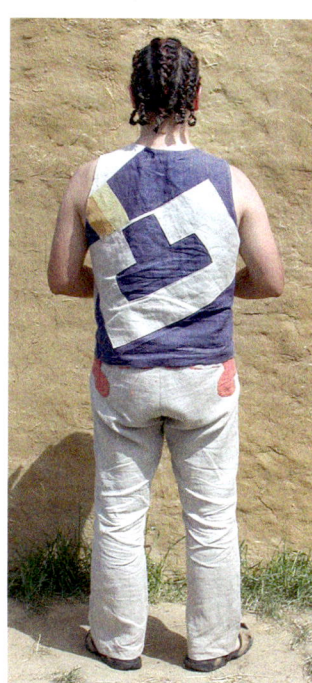

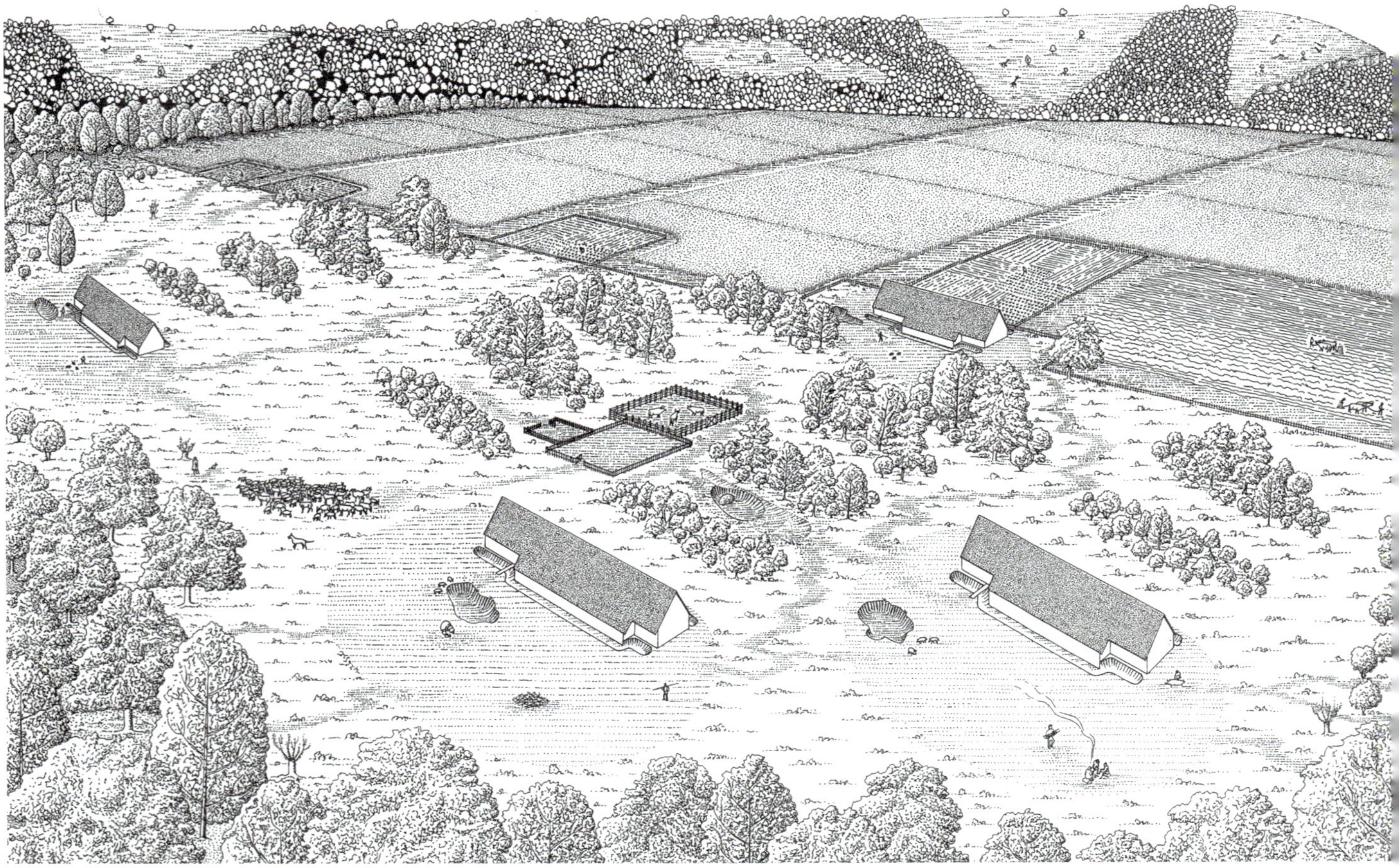

der realer, legendärer oder mythischer Ahnen gedeutet. Mit dem Totenkult haben die Figuren nichts zu tun, weil man sie nie in Gräbern, sondern nur im normalen Siedlungsabfall findet. Daher spielten sie offensichtlich eine Rolle im Leben der Menschen, sei es im Alltag oder bei besonderen Gelegenheiten.

Für eine bandkeramische Ahnenverehrung spricht, dass auf den Hofplätzen in der Regel eine lange Kette von Generationen nacheinander ihre Häuser baute, oftmals fünf und mehr, manchmal auch bis zu elf, also bis etwa 250 Jahre lang. Derartig langlebige Hoftraditionen kann man sich nur als Folge entsprechend dauerhafter Familientraditionen erklären und die Völkerkunde zeigt, dass es dann die Ahnenkulte sind, die den inneren Zusammenhang garantieren und zum Ausdruck bringen. Die Familien ihrerseits gehören zu unterschiedlichen, überörtlich verbreiteten Lineages (Abstammungsgruppen) bzw. Clans, und dementsprechend gibt es Ahnen von Familien, Lineages und Clans.

Es wurde bereits auf die sonderbare Tatsache hingewiesen, dass fast alle Idole absichtlich zerschlagen worden sind. Da sich für einige Siedlun-

gen ausrechnen lässt, dass auf jedes Haus nur eine Idolfigur entfiel, und da jede Generation ihr eigenes neues Haus baute und dabei das Vorgängergebäude abbrach und zerstörte, liegt es nahe, beide Vorgänge miteinander zu verbinden: Danach wäre bei jedem Generationswechsel, nach jeweils 20 bis 25 Jahren, mit dem alten Haus auch die alte Ah-

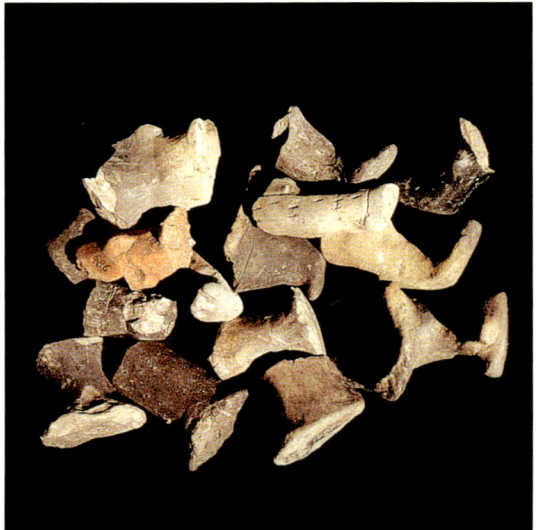

Zerschlagene Fuß- und Beinfragmente von Tonidolen aus Nieder-Mörlen, Stadt Bad Nauheim, Wetterau.

→ Reich verzierte, massive Stierfigur aus Pityercomb, Westungarn (Foto nach Abguss). Die für eine Fessel (Pflock, Ring, Seil) durchbohrte Nase zeigt, dass es sich um einen Haustier und nicht um einen Wildstier handelt, und auch nicht um einen Ochsen oder eine Kuh. Höhe am Kopf 6,9 cm.

← In Schwanfeld, Lkr. Schweinfurt, Unterfranken, wurde um 5500 v. Chr. eine ältestbandkeramische Siedlung mit drei Höfen gegründet, auf denen nacheinander je fünf Häuser gebaut wurden. Jedes Haus bestand etwa 25 Jahre, sodass die Siedlung 125 Jahre existierte. Nach 50 Jahren wurde ein vierter Hof errichtet, der dann drei Generationen dauerte. Das Bild zeigt die Siedlung kurz vor ihrem Ende: Auf allen vier Hofplätzen konnten die Nachkommen die Ruinen der abgebrochenen Häuser ihrer Ahnen noch sehen, weil auf ihnen, je nach Alter, Bäume, Sträucher oder Buschwerk wuchsen. Bemerkenswert ist die große Getreidefläche, die zur Ernährung der Einwohner nötig war. Auf den Bergen im Hintergrund ist der Wald durch die intensive Sommerweide aufgelichtet und teilweise vernichtet worden.

↗ Oberteil einer geschlossenen Hohlfigur aus Immenhausen, Lkr. Kassel. Das Gefäß vor der Brust und der Körper sind durch eine große Öffnung verbunden. Höhe des Bruchstücks 6,3 cm.

nenfigur rituell »getötet« worden, damit ihre magische Kraft auf die neue Figur des neuen Hauses übergehen konnte; die Bruchstücke der alten wurden wertlos und konnten weggeworfen werden.

Jedem Clan sein Symbol

Die reiche Symbolik auf den Tonfiguren, die Unterschiede der Frisuren und Hüte sowie der wappenartigen Bilder auf der Kleidung müssten dann dazu gedient haben, entsprechende Unterschiede zwischen den Familien, Lineages und Clans öffentlich zur Schau zu stellen. In diesem Sinne könnte beispielsweise der auffällige Hüftbogen ein äußeres Kennzeichen für einen großen, überregional verbreiteten Clan gewesen sein. Dieser Hüftbogen kommt in der hessischen Wetterau zweimal vor, in Nieder-Florstadt und Bad Nauheim-Nieder-Mörlen. Er findet sich dann 200 km östlich in Nerkewitz, Saale-Holzland-Kreis, und nochmals 350 km südöstlich in Maiersch, Niederösterreich, wieder. Der Clan reichte bis in die Anfänge der Bandkeramik zurück (Idol aus Brunn II bei Wien), und sein westlichster Beleg stammt aus der mittleren Bandkeramik im Elsass. Er existierte also mehr als 350 Jahre lang, und das Netz seiner Mitgliedsfamilien überspannte einen 650 km großen Raum. Über derartige Verwandtschaftsnetze liefen dann viele Nah- und Fernkontakte und Austauschbeziehungen.

In neuzeitlichen Fällen sind die Ahnen oftmals nur noch legendär bekannt und werden als mythische Figuren, die übermenschliche Kräfte besitzen,

verehrt, manchmal sogar vergöttlicht. Nicht zuletzt stellt man sie sich auch als Tiere oder als Mensch/Tier-Mischwesen vor. Man bittet sie um Hilfe und Schutz und bringt den Familienahnen im Hause oft tägliche Opfer dar, z. B. Milch oder Getreidekörner.

Unter den bandkeramischen Idolen gibt es recht häufig sitzende Frauen, die auf dem Schoß eine Schale oder einen Topf in Händen halten, wahrscheinlich auch sitzende Männer und ebenso stehende Männer und Frauen. Wenn es sich um Hohlfiguren handelt, führt gelegentlich ein Loch vom Gefäß in den Hohlraum des Körpers, durch das Gaben in die Figuren hineinfließen konnten, vermutlich ebenfalls Milch, Getreidekörner oder Honig. Dieser Vorgang sollte daher bei allen mit Gefäßen ausgestatteten Idolen vollzogen worden sein – ein symbolisches Opfer, das die Ahnen von ihren Nachfahren empfingen.

Im Ritus gleichberechtigt

In den bandkeramischen Siedlungen müssen Menschen gelebt haben, die diesen häuslichen und dörflichen Ahnenkult in ihrer Festtags- und Ritualtracht pflegten, weil es auf den Friedhöfen in den

Gräbern einige Tote gibt, die Trachtmerkmale der Idole aufweisen. In diesem Zusammenhang ist es bemerkenswert, dass etwa gleich viele bandkeramische Tonfiguren von Männern und Frauen gefunden wurden, denn darin kommt die rituelle Gleichberechtigung beider Geschlechter zum Ausdruck. Daher müssen sowohl »Priesterinnen« als auch »Priester« die Ahnenkulte ausgeübt oder auch Riten wie den ersten Ernteschnitt oder Initiationen feierlich begangen haben.

Im Rahmen dieser allgemeinen Ahnentheorie finden auch die bandkeramischen Tier-/Menschfiguren und die Tierplastiken ihren Platz, die ebenso reich und teilweise mit denselben Mustern verziert und ebenso stark zerschlagen sind wie die menschengestaltigen Idole. Vermutlich traten bei Ahnenfesten zugehörige Clanmitglieder als ihre »Priesterschaft« in entsprechender Verkleidung auf, worüber vielleicht einmal ein passender Grabfund Auskunft gibt. Möglicherweise waren gelegentlich auch lebende Tiere mit den inhaltsschweren Symbolen geschmückt und vorgeführt worden.

Europas älteste Möbel

Die stolze, aufrechte Haltung und die eingestemmten Arme der menschengestaltigen Idole strahlen Selbstbewusstsein, Herrschaftsanspruch und Macht aus. Die Ahnen standen oder saßen. Sie »saßen« freilich nicht nur, sondern »thronten«,

und zwar auf den ältesten nachweisbaren Möbeln Europas, auf Bankthronen, Wangenthronen mit ihren hohen Seitenwänden und dreibeinigen Hockern. Auf den Wangenthronen konnten die Ahnenpriester ihre Ellbogen nicht nach außen richten, sondern mussten die Arme nach vorne strecken, wobei sie die erwähnten Opfergefäße in ihren Händen hielten. Auf den Bankthronen und den Dreibeinhockern repräsentierten sie dagegen mit ausgewinkelten Armen, nahmen Fragen und Wünsche in Empfang, antworteten darauf und fällten Entscheidungen; natürlich konnten sie so auch Opferschalen präsentieren.

Aus völkerkundlichen Vergleichen weiß man, dass es die Ältesten der Familien und Clans waren, die die Zeremonien des Ahnenkultes ausführten und leiteten. Sie verwalteten die geheiligten Gegenstände, beispielsweise »Schätze« mit besonderen Steinbeilen. Sie alleine kannten die geheimen Rituale, Worte und Formeln und waren auf diese Weise vor dem durchaus gefährlichen Umgang mit den Ahnengeistern geschützt. Diese Ältesten spielten auch eine wichtige politische Rolle in ihren Gemeinschaften und führten die Verhandlungen mit den Clanchefs der Nachbardörfer. Deutet man die Idolfunde so, wie hier vorgeschlagen, dann stellten auch in bandkeramischer Zeit Verwandtschaftssysteme und Ahnenkulte eine grundlegende Organisationsform der bäuerlichen Gesellschaft dar.

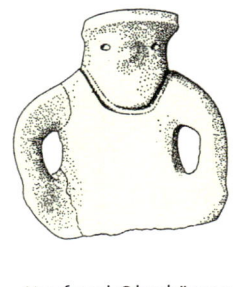

Kopf und Oberkörper eines männlichen Idols aus Boskovštejn, Tschechien, mit Rundhut, der oben verziert ist.

»Bandkeramikerin« mit Hinterkopf-Lockenfrisur in Repräsentationshaltung auf dem Bankthron.

»Bandkeramiker« mit Ährenfrisur auf einem Wangenthron. In der nachgebildeten bandkeramischen Schale befindet sich Dinkel.

Butzbach, Wetteraukreis. Ergänzte männliche Tonfigur, die auf einem dreibeinigen Hocker sitzt. Auf der Rückseite ist die Sitzplatte angegeben. Höhe des Bruchstücks 5,8 cm.

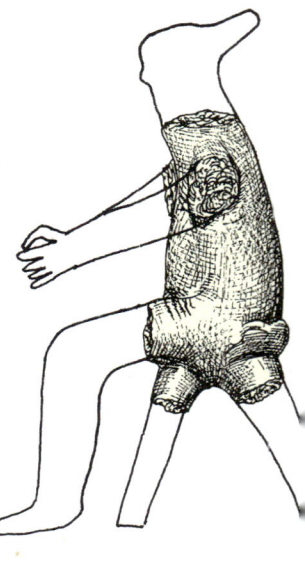

Eintopf wie in der Bronzezeit

Eine Familie auf der Reise in die Vergangenheit

VON CORNELIA SZELÉNYI

Wer das Freilichtgelände des Federseemuseums in Bad Buchau betritt, landet direkt in der Vergangenheit. Zu kleinen Dorfeinheiten gruppiert, verteilen sich dort zwölf in stein- und bronzezeitlicher Manier rekonstruierte Lehm- und Holzhütten im moorigen Gelände des Federsees. Ihre Dächer sind mit Birkenrinde, Stroh oder Reetgras gedeckt, um den Besuchern neben den unterschiedlichen Hausbauweisen auch die verschiedenen Dachdeckungsarten der Stein- und Bronzezeit vorzuführen.

Das Überraschende: Dichte Rauchschwaden steigen aus dem Kamin eines der drei kleinen Bronzezeithäuschen, die normalerweise unbewohnt sind. Hier hat die schwäbische Familie Borngräber eine Woche lang Quartier bezogen: Vater Otto (46), Mutter Margret (47), Tochter Anna (15) und Sohn Stefan (13). Gemeinsam wollen sie den Besuchern möglichst anschaulich demonstrieren, wie der Alltag der Menschen in der Bronzezeit funktioniert hat. Denn eines hat der rührige Leiter des Federseemuseums, Ralf Baumeister, in seiner langjährigen Amtszeit gelernt: »Bilder prägen sich den Besuchern stärker ein als gesprochene Worte und Informationstafeln.« Kein Wunder also, dass er sich als einer der engagiertesten Befürworter der Angewandten Archäologie in Baden-Württemberg als Erster an dieses im Land bislang einzigartige Zeitreise-Experiment gewagt hat.

Ohne Strom, Heizung und fließend Wasser

Wacker haben die vier Bronzezeitwanderer den modernen Wohnkomfort ihres Einfamilienhauses in Uhingen, Lkr. Göppingen, gegen Holzhütte und Lagerfeuer getauscht. Vor ihrer bescheidenen Behausung ist ein Ziegenfell zum Trocknen aufgespannt. Daneben stehen Spaltblock, Imkerkorb und eine Reuse aus Bast, mit der man fischen kann – fischen könnte, muss man wohl sagen: »Würde ich im Federsee-Ried zum Fischen oder mit Pfeil und Bogen auf Entenjagd gehen ohne Lizenz und Jagdschein, hätte ich wohl bald Ärger mit der Polizei«, sagt Vater Borngräber und lacht.

Es qualmt gewaltig, während er neue Holzscheite aufs Feuer legt. Die Feuerstelle bildet den Mittelpunkt des Raumes, ist einzige Quelle für Wärme und Licht. Funken steigen auf. Der Qualm breitet

Auf der Zeitschwelle: Die Uhinger Familie Borngräber – Anna, Stefan, Margret und Otto (von links) – im Federseemuseum vor Beginn ihrer Reise in die Bronzezeit.

Alltag in der Bronzezeit: Die Frauen kümmern sich um Häusliches, die Männer prüfen Pfeil und Bogen für die Jagd.

sich weiter aus. Ein Lager aus Hirsch- und Ziegenfellen dient als Schlafstatt. In Töpfen und Krügen werden Hülsenfrüchte und Getreide aufbewahrt. Ein bronzezeitlicher Webstuhl mit Tongewichten lehnt an der Wand. In einem Korb liegen getrocknete Birkenblätter. Von den Menschen der Ur- und Frühzeit wurden sie zum Wollefärben benutzt. Einfaches Leben, wie vor 3000 Jahren: kein Strom, keine Heizung, kein fließend Wasser. Doch ganz verzichten müssen die Borngräbers nicht auf die Annehmlichkeiten der modernen technisierten Welt: »Nein, wir begeben uns nicht hinter die Hütte«, wehrt Otto Borngräber neugierige Besucherfragen ab, wie man denn auskomme ohne Bad und WC. Schließlich verfügt das Museum über Sanitäranlagen: »Ganz so viel Authentizität muss dann doch nicht sein«, findet der freiberufliche Geologe.

Es war ohnehin nicht das Konzept der Museumsverantwortlichen, einen Feldversuch in streng wissenschaftlichem Sinne vorzunehmen: »Die Borngräbers sind für uns vor allem ein Vermittlungsmedium«, erklärt der Museumsleiter seine Intention. Die Anteilnahme am Bronzezeit-Alltag einer Familie soll den Besuchern die Schwellenangst nehmen und gerade solche Menschen ermuntern, ins Museum zu gehen, die sonst eher nicht kommen. »Selbstverständlich ist uns bewusst, dass die Borngräbers mit ihrem Wissen und ihren Emotionen niemals echte Bronzezeitler sein können, sondern sich als Menschen des 21. Jh. in der Vergangenheit umsehen«, sagt Baumeister.

Wasser und Nahrung werden den Zeitreisenden über das Museum gestellt. Fleisch liefert ihnen der ortsansässige Metzger. Feuer machen und kochen müssen sie selbst. Bei der Auswahl der Nahrungsmittel haben sie sich auf typische Gemüse, Getreide und Würzkräuter konzentriert, die anhand von Grabungsfunden für die Ernährung in der Bronzezeit nachweisbar sind, wie Lauch, Gelbe Rüben, Linsen, Erbsen, Weizen und vor allem: Hirse, Hirse, Hirse. Hintergrund: »Als einzige Getreidesorte lässt sich Hirse bis zu zwei Jahre lagern – ohne Schimmelsporen zu bekommen und zu verderben«, erklärt Otto Borngräber sachkundig.

Ganz bewusst wollen sie sich abgrenzen zu Fernseh-Events wie »Schwarzwaldhaus 1902«, »Gutshof 1900« oder der WDR-Doku-Soap »Windstärke 8 – Auswandererschiff«. Seit mit »Big Brother« das Reality-TV Einzug in deutschen Fernsehprogrammen hielt, geht der Trend zur Authentizität. Anders als bei diesen rein auf Effekt zielenden Inszenierungen wollten die Borngräbers ihre Aktivitäten jedoch auf wissenschaftliche Erkenntnisse stellen: »Wir wollten keinen Abenteuerurlaub à la Schwarzwaldhaus«, betont Margret Borngräber. »Dann hätten wir in der Wildnis zelten können statt ins Museum zu gehen«, sagt ihr Mann. Das Ziel: die lebendige Art der Geschichtsvermittlung in Deutschland bekannter zu machen. In Dänemark hat die Uhinger Familie diese anschauliche Präsentationsform erstmals erlebt. »In Hjemstedt – einem der größten Wikingermuseen – ist jedes Haus bewohnt«, erzählt

Otto Borngräber. Seine Augen leuchten verträumt, obwohl sie vom Rauch gereizt sind: »Die Besucher dort sind mitten im Wikingeralltag.«

Gut aufs Experiment vorbereitet

Ein Jahr lang haben er und seine Familie sich durch intensives Literaturstudium theoretisch auf das Experiment vorbereitet. In zahlreichen Workshops beim rund 20-köpfigen Team des Federseemuseums, das sich aus Handwerkern und Archäotechnikern aus Deutschland und der Schweiz zusammensetzt, ließen sich die Bronzezeit-Laien zudem in prähistorische Verarbeitungsmethoden von Holz, Textilien und Knochen einweisen. Werkzeug und Kleidung konnten sie so größtenteils selbst herstellen.

Als Vorbild für die Kostüme – die Männer im cognacfarbenen Lederwams, die Frauen im braun- und olivfarbenen Leinenrock und Umhang – hätten Textilfunde an Moorleichen der Urzeit aus Dänemark gedient, berichtet Bettina Hiller. Die Tübinger Ur- und Frühgeschichtlerin hat sich im Selbststudium zur Archäotechnikerin weitergebildet und

unterstützt das Projekt mit fachlichem Rat. Unter ihrer Anleitung hat Margret Borngräber die Frauenkostüme genäht. Kein Problem für die Handarbeitslehrerin, deren praktisches Geschick während dieser Woche allerdings manches Mal hart auf die Probe gestellt wird, beispielsweise dann, wenn es gilt, den glutheißen Keramikkessel mit bronzezeitlichem Gemüse-Eintopf langsam in der glostenden Asche der Feuerstelle zu drehen, ohne dass dessen poröse Tonwände durch raschen Temperaturwechsel reißen oder sie sich dabei die Finger verbrennt. »Topflappen gab's in der Bronzezeit halt noch nicht. Mit einem Stück Leder geht's aber auch ganz gut«, hat die Hausfrau festgestellt: »Es ist schon gewöhnungsbedürftig, wenn man aufs Essen drei und auf eine Tasse heißen Tee zwei Stunden warten muss«, sagt Tochter Anna. Sie ist mit Leib und Seele dabei, versorgt Schafe und Pferde, töpfert oder stellt beim Brettchenweben Gürtel und Bänder her. »Mir gefällt das einfache Leben und die Verbundenheit mit der Natur«, sagt die Schülerin. Ihr Bruder Stefan vermisst ebenfalls nichts: »Nein, PC und Stereoanlage brauche ich hier nicht.« Hier zählt praktisches Wissen, nicht abstrakte technische Kenntnis.

Die Feuerstelle als Zentrum des bronzezeitlichen Familienlebens: Sie ist überlebensnotwendige Wärmequelle, Herd und Mittelpunkt des sozialen Austausches.

Erste Erkenntnisse

Versuch und Irrtum: Nach diesem empirischen Prinzip tasten sich die Borngräbers zurück in die Vergangenheit. »Durch Ausprobieren lernt man am meisten«, ist Otto Borngräber überzeugt. Erste Erkenntnisse: »Wir haben am ersten Tag ein viel zu großes Feuer für diesen kleinen Raum gemacht. Der Kamin ist zu klein. Alles war verqualmt.« Und: »Bronzezeitwerkzeuge in Aktion halten nicht lang.« Nach zwei Tagen sind bereits zwei Beile kaputt. Zeit, neue Beile herzustellen, bleibt ihm jedoch kaum. Zu groß ist der Besucheransturm, zu drängend sind die Fragen: Wie haben die Menschen in der Bronzezeit Feuer gemacht? Wie haben sie sich ernährt? Wie wurden die Häuser gebaut? Welche Weltanschauung hatten sie? Nicht auf alles gibt es Antworten. Gedankenspiele über Weltsicht und Wertesystem der Bronze- und Steinzeitmenschen bleiben aufgrund fehlender Schriftzeugnisse zum Teil Spekulation.

Vor allem zwischenmenschlich und psychologisch liefert das Experiment den Borngräbers jedoch aufschlussreiche Einsichten. »Feuererhalten stärkt den Familienzusammenhalt«, hat Margret Borngräber festgestellt. In Zeiten zunehmender Vereinzelung werde man sich auch wieder bewusst, dass die ursprünglichste Daseinsform das Leben in der Gruppe war. Alleine hätte man die Alltagsaufgaben gar nicht geschafft. Zudem verändert sich das Zeitgefühl: »Man hat mehr Ruhe beim Arbeiten. Der heute übliche Zeitdruck fehlt.« Positiv auch: »Beim Sammeln, Spinnen und Kochen kann man gut Geschichten erzählen.« Ein Hauch von Gute-alte-Zeit-Nostalgie weht durch die Bronzezeitstube. Das Fazit der Borngräbers: »Das einfache Leben früherer Zeiten muss nicht schlechter gewesen sein.« Es erforderte aber viele praktische Fertigkeiten und Kenntnisse, die der Mensch im Laufe der Evolution verlernt hat. »Heute wissen wir, wie man mit Word und Excel umgeht«, sagt Bettina Hiller: »Die Menschen in der Ur- und Frühzeit hatten dafür mehr praktisches Wissen. Sie kannten die Tiere und ihre Verhaltensweisen, konnten die Pflanzen bestimmen und wussten, wie man Blätter, Heil- und Küchenkräuter nutzt.«

Voller Erfolg

Für das Urgeschichtliche Museum in Bad Buchau war das Experiment jedenfalls ein voller Erfolg: 5000 Besucher kamen laut Ralf Baumeister während dieser Aktionswoche. Das entspricht etwa einem Zehntel der Gesamtbesucherzahl im Federseemuseum pro Jahr. Auch die Medien griffen das Thema begeistert auf: Bis ins Rheinland und nach Hessen hätten Zeitungen, Radiosender und TV-Stationen über die Zeitreise der Borngräbers berichtet, bilanziert der Museumschef zufrieden.

Anfangs gab es von Museumsseite aber durchaus Skepsis, als die Familie knapp zwei Jahre vor dem Zeitreise-Experiment anfragte, ob es möglich sei, zu Demonstrationszwecken in einem der rekonstruierten Häuser zu wohnen. Heute kann Baumeister dies gelassen sehen. Denn längst ist man auch an den Universitäten von puritanischen Grundsätzen abgerückt. »Wissenschaft darf auch Spaß machen«, sagt etwa der Freiburger Ur- und Frühgeschichtler Christoph Huth: Die Gefahr eines »Big-Brother-Effekts« in der Wissenschaft sieht er nicht, »solange wissenschaftliche Grundwerte gewahrt bleiben.« Ähnlich argumentiert der Präsident des Landesamts für Denkmalpflege Baden-Württemberg, Dieter Planck: »Mit wissenschaftlicher Begleitung können solche Aktivitäten durchaus erkenntnisfördernd sein, weil man erst bei der praktischen Erprobung sehen kann, wie und warum etwas funktioniert.«

Ralf Baumeister hat derweil schon wieder neue Pläne: Einen prähistorischen Haustierhof will der Museumsleiter im Laufe der nächsten Jahre aufbauen. Dieser könnte dann über den Jahreszyklus versetzt von den Borngräbers betreut werden, denn die hatten so viel Freude an ihrer lebendigen Geschichtsvermittlung, dass dies wohl nicht ihr letztes Zeitreise-Experiment im Federseemuseum bleibt.

Otto Borngräber zerlegt mit bronzezeitlichem Besteck einen erbeuteten Karpfen – aus dem Museumsteich. Die Aktion wurde von der SWR-Landesschau dokumentiert.

Fünf Pfahlbauten im Bodensee

Zur Rekonstruktion einer Bronzezeitsiedlung

VON GUNTER SCHÖBEL

Die Experimentelle Archäologie hat bei eingehender Betrachtung nicht nur mit dem Kennenlernen vorgeschichtlicher Technik, sondern vor allem mit der Rekonstruktion archäologischer Gegenstände und Lebensumstände zu tun. Sie erstreckt sich von der maßgenauen Nachbildung alter Funde bis hin zur Fertigung von Modellen prähistorischer Häuser und ganzer Landschaften. Heute schließt sie gar Versuche mit ein, Tiere oder Menschen haargenau plastisch nachzubilden. Dabei ist sowohl ein Vorgehen nach dem Ausgrabungsbefund mithilfe der zur Verfügung stehenden archäologischen Rekonstruktionsmethoden als auch eine genaue Dokumentation der Schritte und eine hohe Sorgfalt im Verfahrensprozess dringend erforderlich. Nur so besteht die Möglichkeit, die Wiedererstellung zum Ganzen nachvollziehbar, wiederholbar und somit nachprüfbar zu machen. Erst dann kann die Experi-

mentelle Archäologie von sich behaupten, eine anerkannte wissenschaftliche Methode zu sein.

Da dieses wissenschaftliche Vorgehen nicht überall zu beobachten ist und manchmal in Museen oder Freizeitparks nur Theaterkulissen mit etwas Holz, Lehm und Stroh entstanden sind, war es für das älteste archäologische Freilichtmuseum Deutschlands in Unteruhldingen besonders wichtig, bei den Hausrekonstruktionen Nr. 16 bis 20 im Rahmen der archäologisch möglichen Prognose ein weitestgehend genaues Modellbild zum Leben in der ausgehenden Bronzezeit am Bodensee zu erzeugen. Die Grundlage dafür bildeten die Forschungen der vergangenen Jahrzehnte im südwestdeutsch-schweizerischen Pfahlbaugebiet, die außer einer Vielzahl von Hausbefunden auch Hinweise zum archäologischen Gerät, zu den Tieren, der Umwelt, den Lebensbedingungen und dem Träger dieser Kulturen,

Die neuen Häuser im Pfahlbaumuseum Unteruhldingen.

dem Menschen, erbracht hatten, wenngleich Letzteres nur anhand von wenigen Skelett- und Schädelfunden.

Passgenaue Lösung finden

Vergleichbare Hausrekonstruktionen im Zeitschnitt Spätbronzezeit/Urnenfelderzeit und frühe Eisenzeit/Hallstattzeit gab es zu Beginn der Arbeiten innerhalb Europas bereits in mehr als 50 Freilichtzentren. Darunter sind die Modellrekonstruktionen von Unteruhldingen (1931), Biskupin, Polen (1936), die Halle von Lojsta auf Gotland (1932), Hierl Hede, Dänemark (1960), Asparn, Österreich (1970), das Archéodrome bei Beaune, Frankreich (1972), Oerlinghausen (1987), Hitzacker (1990), das Archeon bei Alphen, Niederlande (1992), das Federseemuseum Bad Buchau (2000) und Hauterive bei Neuenburg, Schweiz (2001) – um nur einige zu nennen. Unter diesen Beispielen finden sich sowohl puristisch angelegte Architekturmodelle ohne Einrichtungsgegenstände als auch Ausstellungshäuser mit Stubeninszenierungen, reine Experimentalbauten und solche, die pädagogischen Zwecken dienen sollen, indem sie mehrere museologische Konzepte zusammenfassen.

Das neue Ausstellungskonzept im Freilichtmuseum Unteruhldingen musste wissenschaftlichen und technischen Anforderungen Rechnung tragen und sollte auch für bis zu 3000 Besucher täglich sicher angelegt sein. Dies verlangte eine sorgfältige statische und architektonische Planung.

Neben der aus archäologischer Sicht unerlässlichen Befundtreue benötigte auch die Museologie in Anbetracht des breit gefächerten Zielpublikums und unter dem Aspekt einer optimalen Vermittlung passgenaue Lösungen. Diese Aufgabe erforderte viele Spezialisten im Gestaltungsteam, nicht nur aus dem archäologischen Bereich, sondern auch aus der Technik, Kunst, Grafik und Pädagogik. Nicht zu vergessen sind dabei die zahlreichen Kollegen der Nachbarwissenschaften Dendrochronologie, Sedimentologie, Paläobotanik, Zoologie, Anthropologie, Textilarchäologie, Werkstoffkunde, Limnologie oder Architektur, die mit eingebunden waren.

Eine europäische Dimension erhielt das Hausbauprojekt durch die Mithilfe österreichischer und italienischer Wissenschaftler vom Naturhistorischen Museum Wien und vom Städtischen Museum Modena, die zeitgleich mit Unteruhldingen im EU-Projekt »Archaeolive« (1998–2004) bei Hallstatt in Oberösterreich ein Bergbauerndorf und in Montale bei Modena, Oberitalien, eine bronzezeitliche Terramare-Siedlung wieder entstehen ließen. Alle drei Museumsorte hatten sich der von der EU unterstützten Aufgabe verschrieben, modellhaft Siedlungsausschnitte des Lebens am Übergang von der Bronze- zur Eisenzeit im vorgeschichtlichen Europa darzustellen und dem Besucher so ergänzend zu den bereits bestehenden Museumsanlagen vor Ort einen fundierten Einblick in die Alltagswelt prähistorischer Bevölkerungen zu ermöglichen.

Vom Pfahlbausammelfieber zur Unterwasserarchäologie

Die Reste mehrerer spätbronzezeitlicher Ansiedlungen vor Unteruhldingen am Bodensee sind seit 1864 bekannt. Durch die Sammeltätigkeit der Forscher des 19. Jh. lassen sich tausende bei Niedrigwasser geborgene Funde diesen Anlagen zuweisen. Sie sind heute noch als Ergebnis des großen »Pfahlbausammelfiebers« in vielen Museen von Stuttgart bis St. Petersburg, von Konstanz bis Paris oder von Karlsruhe bis London zu bewundern. Informationen zur Geschichte dieses wohl größten bronzezeitlichen Siedlungskomplexes am Ufer eines deutschen Binnensees verdanken wir privaten Aufsammlungen der Unteruhldinger Bürger, Untersuchungen des Karlsruher Professors Karl Schumacher vom Boot aus im Jahre 1900, taucharchäologischen Untersuchungen

Das bronzezeitliche Pfahlfeld aus der Luft betrachtet.

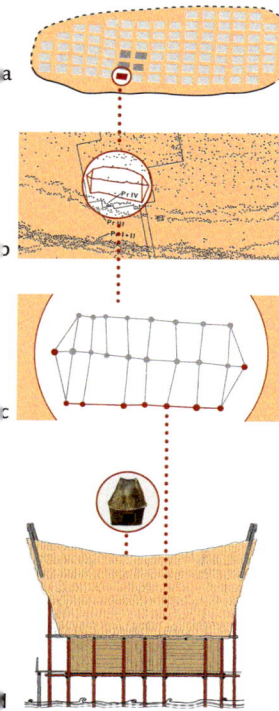

Haus 3: im Dorfplan (a), landwärts der äußeren Dorfpalisade (b), mit vorgezogener Firstreihe, kennzeichnend für ein auskragendes Dach (c) und Modell mit durchhängendem Dachfirst wie Graburne Neukönigsaue (d).

des Berliner Professors Hans Reinerth in den fünfziger Jahren des 20. Jh. und schließlich systematischen unterwasserarchäologischen Sondagen des Landesdenkmalamtes Baden-Württemberg ab 1981: Sie werden heute noch jeden Winter fortgesetzt.

Aus der Luft lässt sich das etwa 2 ha große Pfahlfeld mit mehr als 50 000 Pfählen besonders bei Wintertiefstand des Bodensees gut erkennen. Aufgrund der starken, von Ufermauern und Hafenmolen verstärkten Erosion der Uferplatten durch Wellenreflexion zeichnen sich die schwarzen Pfähle markant gegen den hellen Seeboden ab. Diese Fundamente ehemaliger Pfahlbauten wachsen mit fortschreitender Ausspülung des Untergrunds förmlich aus dem Seegrund heraus und zeigen deutlich die Umrisse ehemaliger Häuser, Gassen und Palisadenzäune. Auf diesem nach Winterstürmen regelmäßig »blank geputzten« Grund waren in den vergangenen 140 Jahren Pfahlbauforschungen stets erfolgreich möglich. Ganz gleich, ob Privatsammler vom Boot aus nach Funden fischten oder ob Taucharchäologen in abgegrenzten Flächenquadraten ihre Arbeit aufnahmen, der See hielt stets eine transparente Siedlungsruine bereit, die Palisadenzug um Palisadenzug und Haus um Haus erschlossen werden konnte.

Unterstützt von Informationen aus den Luftbildern war es unter Wasser möglich, den gewünschten Untersuchungsausschnitt ohne vorherige Ausgrabung zu wählen. Taucharchäologisch wurde bei den Untersuchungen der ersten Staffel von 1981 bis 1989 daher eine systematische Vorgehensweise nach Palisadenabschnitten und verschiedenen interessant erscheinenden Feldern der Hausinnenbebauung gewählt. Ergänzend zum Europaprojekt »Archaeolive« fand in den Jahren 1998 und 1999 eine Erweiterung der Unterwasseraufnahme statt, um die Hausstellungen zu ergründen. Seit 2004 werden jetzt seitens der zuständigen Denkmalpflege weitere große Anstrengungen unternommen, den rasch schwindenden Bestand – die Flächenerosion beträgt im Mittel 2 cm pro Jahr – auf der Gesamtfläche pfahlgenau zu dokumentieren und anschließend weiter untersuchen zu lassen.

Planvoll angelegte Siedlung

Die bereits vorliegenden Ergebnisse der Archäologie und Dendrochronologie ergaben im Zeitraum von 975 bis 850 v. Chr. einen mehrfach neu besiedelten Standort. Nach Auswertung der Luftbildpläne und Unterwasseraufnahmen waren im ältes-

ten Dorf (975 bis 973 v.Chr.) bis zu 87 Häuser zu ermitteln, deren Breite zwischen bis zu 5 und 7,50 m und deren Länge zwischen 9 und 12 m schwankte. Diese Häuser standen auf 15 bis 20 cm starken Eichentragpfählen, die aus Rundstämmen oder Spalthölzern gefertigt und mit annähernd gleichen Abständen zueinander aufgebaut waren. Wie in anderen Siedlungen des Verbreitungsgebietes bronzezeitlicher Seepfahlbauten – etwa am Neuenburger See – ergaben sich zwischen den regelmäßig angelegten Häuserreihen von Land nach See und bis zu den Begrenzungspalisaden Zwischenräume, die als Verkehrsflächen für Wege, Stege, so genannte Zirkulationsräume und innerdörfliche Verkehrs- und Wirtschaftsräume gedeutet wurden.

Mithilfe der Dendrochronologie gelang es nicht nur, die großen und bis zu 220 m langen, vornehmlich aus Eiche, Buche und Erle gebauten Umfriedungspalisaden zeitlich einzuordnen, sondern auch, nacheinander gebaute zwei- bis dreischiffige Hausgrundrisse zu ermitteln. Auch hier schienen Häuserreihen von Land nach See in den See gestellt worden zu sein, bis das ganze, offensichtlich schon vorher anhand der Geländesituation geplante Siedlungsoval vervollständigt war.

Für die beabsichtigte Rekonstruktion wurde eine Gruppe von fünf Häusern ausgewählt, die zwischen 973 (Haus 1), 970 (Haus 2) und 967/966 v.Chr. (Haus 3) im jüngeren Abschnitt des ältesten Dorfes errichtet worden waren. Es handelte sich dabei um Hausstandorte, die im Dorfplan seewärts in der Nähe der Seepalisade situiert werden konnten. Im Verhältnis zur Gesamtbauzeit der Siedlung gerechnet, die anhand der Daten mit zehn bis zwölf Jahren zu veranschlagen ist, stellten diese Häuser demnach einen jüngeren Abschnitt innerhalb des ältesten Dorfes dar. Anscheinend war auch hier ein in seiner Größe schon vorher geplantes Dorf Reihe um Reihe im Abstand von zwei bis drei Jahren erstellt worden, bis schließlich der gesamte Raum innerhalb des Palisadenovals dicht gefüllt war. Dies deutet an, dass der planvollen Anlage das Wissen voranging, wie viele Hausgemeinschaften noch kommen mussten, bis das Siedlungsrund von 220 m uferparalleler Länge und 70 m Tiefe dicht gefüllt war. Dies spricht, wie immer stärker durch die Analyse von Siedlungsentwicklungen belegbar, für eine hoch organisierte Gesellschaft zur Spätbronzezeit, die es gewohnt war, die ihr zur Verfügung stehenden Siedlungsräume systematisch und, wie es nach der Datierung der benachbarten Siedlungen am Bodensee scheint, auch zyklisch im Wechsel zu nutzen.

Die richtige Stelle für den Nachbau

Auf der Grundlage des durch Luftbild- und Unterwasserarchäologie gewonnenen Siedlungsplanes erfolgten in Zusammenarbeit mit dem Museumsarchitekten, den Technikern des Museums und den Behörden die weiteren Planungen. Archäologisch galt es zunächst, nach Kenntnis der Horizontalverteilung der Siedlungsanlage auf der Uferplatte den zu rekonstruierenden Bauausschnitt am vorgesehenen Standort in Bezug auf das heutige Ufer festzulegen. Nach lang anhaltender und dieser Tage endlich aufgrund eindeutiger Befunde an verschiedenen Seen Deutschlands, Frankreichs und Italiens positiv abgeschlossener Pfahlbaudiskussion – es gab auch bei uns im Wasser stehende Pfahlbauten – war es dann mit Genehmigung der Naturschutzbehörden und der Bauaufsicht möglich, die Häuser auf der im Winter trockengefallenen und vegetationsfreien Strandplatte im Norden des bestehenden Unteruhldinger Freilichtmuseums aufzustellen.

In etwa 800 m Entfernung zum Originalstandort fanden sich auf dem Museumsgelände Verhältnisse, die ziemlich genau der Korrelation der Pfahleinschlagtiefen, Kulturschichtgrenzen, Palisadenzüge und Schichteinfallwerte sowie dem Verlauf der Strandwälle in Bezug auf die prähistorische Steilhaldensituation nicht weit vom seeseitigen Siedlungsrand entsprachen. Dies bedeutete, dass auf der Grundlage der heute bekannten Seespiegelschwankungen echte Pfahlbauten mit einer Fußbodenhöhe von 50 bis 350 cm entstehen mussten, je nachdem, welche Abschnitte rekonstruiert werden sollten. Nicht zuletzt aufgrund der Naturschutzforderung, den Uferhag freizuhalten, fiel daher die Entscheidung zugunsten der Rekonstruktion eines Ausschnitts von fünf Häusern mit einem Teilabschnitt Seepalisade, der durch Versorgungsstege entsprechend dem Befund angebunden ist.

Vom Modell zur Realisierung

Eine verlässliche Modellbildung in der Vertikalen als Grundlage für die Hausaufbauten erforderte eine umfassende Suche nach bekannten Bauelementen aus dem Pfahlfeld von Unteruhldingen, aber auch aus benachbarten, zeitgleichen Siedlungen. Zudem begann die Quellensuche nach ikonografischen Darstellungen prähistorischer Häuser in einem Umkreis von 500 km. Ob es nun die Ausgrabungen in der Wasserburg Buchau im Federsee-

Die abgeschlossene Modellbildung des Rohbaus von Haus 1 im Maßstab 1:10.

moor, in Hagnau und Konstanz am Bodensee, in Cortaillod am Neuenburger See und in Zug-Sumpf am Zuger See waren oder Graburnen aus Etrurien, Piktogramme auf hallstattzeitlicher Keramik, Felsritzzeichnungen aus dem Val Camonica oder steinzeitliche Malereien auf Hauswänden der Pfyner Kultur aus Ludwigshafen am Bodensee, die wohl Hausformen anzeigen: Alles kam in den Baukasten und wurde mit den Museumshandwerkern und dem Architekten diskutiert.

Verschiedene Lösungen für den Wand-, Boden- und Dachaufbau waren im Gespräch und führten zu einem Vorschlag, der sowohl der Vielfalt der Rekonstruktionsmöglichkeiten als auch einem Maximum an museumspädagogischen Optionen Rechnung trug. Wohl wissend, dass Rekonstruktionen über die Decke eines Gebäudes hinaus archäologisch nur selten sicher möglich sind, fiel die Entscheidung, eine größere Variationsbreite innerhalb der Dach- und Hauslandschaften darzustellen. Sowohl das Walmdach, das klassische Satteldach als auch das eingesenkte, aufgrund einer Länge von 13 m durchhängende Dach mit ausgestelltem First und großem Dachüberstand wurden ausgewählt. Den detailgetreuen Modellen im Maßstab 1:10, die wegen der vorliegenden maximalen Firstpfahllängen und Wandhöhen, Dachneigungen und Materialien zum Dachdecken abgesichert werden konnten, folgten der Bauantrag und – ab dem 9. September 2000 – der Aufbau der Häuser.

Die Pfähle wurden zur Arbeitserleichterung zum Teil mit dem Rammschiff auf 2 bis 3 m Tiefe eingeschlagen und damit aus Gründen der Standsicherheit einen Meter mehr als es von Hand aus leicht möglich wäre. Den Vorbildern entsprechend, waren die Pfosten 15 bis 20 cm stark und je nach Einsatzzweck als Wand-, First- oder Bodenträger zwischen 6, 9, 12 und 14 m lang. Auf die Verwendung von ⅕- und ⅛-Spalthölzern, die beim Original neben Rundhölzern für die Unterkonstruktion belegt sind, musste aus Gründen der Fertigungstechnik und der Kosten verzichtet werden. Dafür wurden aber ungeschälte, dicht auf gutem Standort gewachsene und von der Museumsmannschaft selbst geschlagene Baumstämme eingesetzt.

Einrütteln nach alter Väter Sitte

126 Tragpfähle für die Häuser und weitere 150 Pfähle für den Zugangssteg und die zusätzlichen Abstützungen waren bis Frühsommer 2001 eingebracht, wobei nach Abzug des Rammschiffs etwas mehr als die Hälfte weiter nach alter Väter Sitte bei Niedrigwasserstand jeweils von zwei bis drei Mann per Hand in den Seeboden eingerüttelt wurden.

Am Ende kamen die fünf Museumstechniker für den Bau aller fünf Häuser und das Fertigen der Inneneinrichtung von März 2000 bis März 2002 auf etwa 11 790 Arbeitsstunden. Umgerechnet auf die Bronzezeit bedeutet dies, dass vor 3000 Jahren etwa

Bohlen im Originalbefund der Wasserburg Buchau.

25 Handwerker bei jeweils 50 Arbeitsstunden pro Woche in einem Winter von Oktober bis März das Werk hätten vollenden können, auch wenn damals noch keine modernen Hilfsmittel zur Verfügung standen. Nimmt man den Größen- und Zeitfaktor in den spätbronzezeitlichen Dörfern zur Grundlage, dann dürften fünf Häuser die Mindestjahresleistung einer 300 bis 500 Köpfe zählenden Siedlungsgemeinschaft gewesen sein, bei etwa zwölf bis 14 Jahren Aufbauzeit für ein Dorf mit 51 bis 87 Häusern.

Der horizontale Aufbau begann mit dem Versorgungsweg oder Zentralsteg, der späteren Dorfstraße, an den die Häuser angeschlossen werden sollten. Unentrindete Eschenhalbhölzer von 12 bis 25 cm Stärke bildeten die Hausböden, sie wurden auf Eschenrundhölzern verlegt, die als Quer-Unterzüge dienten. Nach dem Vorbild im Moor aufgefundener Hüttenböden gefertigt, bildeten sie eine günstige Arbeitsfläche für die weiteren Aufbauten.

Aus Sicherheitsgründen mussten bei tragenden Verbindungen zusätzlich zu den bronzezeitlich nachgewiesenen Verzapfungen und Bindungen noch moderne Fixierungen in Form von äußerlich nicht sichtbaren Nägeln und versteckten V2A-Bolzen angebracht werden. Zudem musste zur Sicherheit der Arbeiter ein Baugerüst eingesetzt werden. Auch wurden die Arbeiten nur zum Teil mit historischem Werkzeug ausgeführt, da sonst das Personal- und Finanzbudget nicht hätte eingehalten werden können.

Originalgetreue Schilfdächer

Das Richtfest fand am 9. August 2001 statt. Die Wände wurden als Flechtwände mit Lehmbewurf und als Spaltbohlen- bzw. »Prügelwände« mit einer Höhe von 2,35 bis 2,40 m vom Bodenbelag ab gefertigt. Bei einem Lehmfußboden von durchschnittlich 9 bis 12 cm Höhe, wie in Haus I und weiteren Gebäuden der älteren Siedlung der Wasserburg Buchau belegt, wurde dabei unter Berücksichtigung der Körpergröße heutiger Menschen eine Wand erbaut, die etwa 20 cm höher ist als im Original belegt. Zapfen an den oberen Enden der Wandpfähle nahmen den Pfettenkranz zur Auflage der Deckenbalken aus Eschen- und Ahornrundhölzern auf, die gleichsam das Lager für die stellenweise eingefügte Zwischendecke aus Brettern bildeten.

Bei den Dächern, Wänden und Türen gaben alte Grabungsberichte und Befunddokumentationen hilfreiche Hinweise. Erhaltene Hüttenböden mit

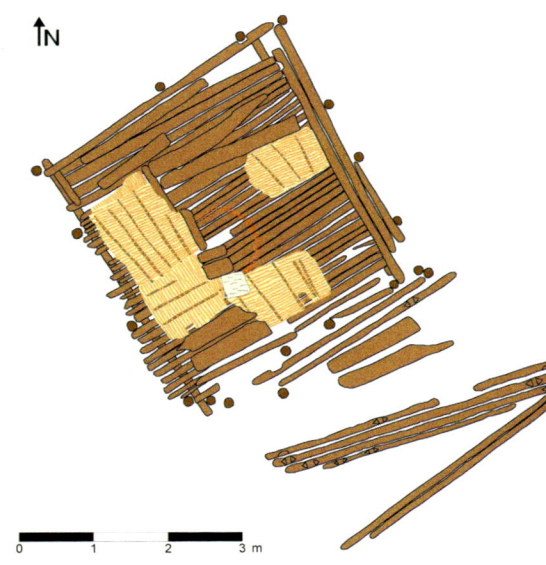

Feuerstellen, Funde von Dachsparren und verkohltem Schilf in Bauruinen ließen Rückschlüsse auf Form und Aufbau des Aufgehenden zu. Von großem Wert war die eingehende Betrachtung bildlicher Darstellungen, die auf Gefäßen, Wandlehm, in Form von Totenurnen und durch Felsritzzeichnungen zahlreich erhalten sind.

Beim Dachdecken kam Schilf zum Einsatz, weil es neben Brettschindeln aus Weißtanne das einzige bislang im Neolithikum und in der Bronzezeit nachgewiesene Dachdeckungsmaterial in den Pfahlbausiedlungen ist. Hinzu kommt, dass Schilf aufgrund der Erfahrungen in Freilichtmuseen bei steileren Dächern eine hohe Haltbarkeit und Sturmfestigkeit sowie – wie im vorliegenden Fall – bei eng stehenden Häusern eine gute Wasserableitung bei Starkregen gewährleistet. Die Dächer wurden mit jeweils etwa 2000 Bund Schilf gedeckt, das entspricht elf Bündeln pro m², die bei etwa 30 cm Auflagestärke schuppig verlegt wurden, die Dachneigung betrug 50 bis 60°.

Auf Rinden- oder Grassoden wurde beim Dachdecken wegen fehlender Befunde verzichtet. Brettschindeln kamen an Vordächern oder als Spritzschutz über Lehmwänden zum Einsatz, die besonders vom Schlagregen betroffen waren.

Türen nach dem Vorbild von Totenurnen

Auf der Wetterseite kamen Spaltbohlen- und Bretterwände gelegen, da heftiger Regen Lehmwände innerhalb kurzer Zeit ausspülen und bis auf das

Flechtgerüst bloßlegen kann. Hilfreich war es generell, Lehmwände für den besseren Wasserabfluss an der Oberfläche zu kalken, hier reichte eine einfache Seekreide- oder Kalkbrühe aus, die die Haltbarkeit der Wände um das Vier- bis Fünffache steigert.

Türfüllungen, Türen und Riegel wurden nach Vorbildern gefertigt, die archäologischen Ausgrabungen und Totenurnen aus dem Bereich der Villanova-Kultur oder der etruskischen Welt entstammen. Es gab ein- und zweiflügelige Konstruktionen.

Hüttengrundriss Haus 1, Wasserburg Buchau, ältere Siedlung, mit Dachsparren und Schilffunden.

↖ 6. September 2001: Pro Haus werden etwa 2000 Schilfbündel zur Dachdeckung aufgebracht.

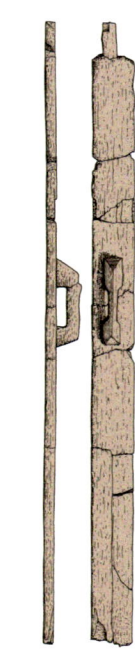

Torriegel aus der Wasserburg Buchau, Ausgrabung 1937.

Nachbildung von Türblättern im Freilichtmuseum nach dem Vorbild Etrurien.

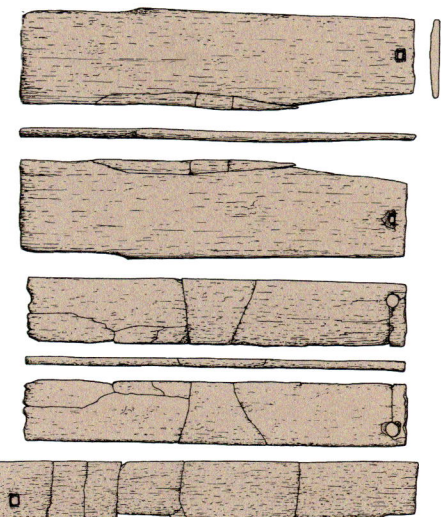

Weißtannenbretter mit und ohne Lochung aus der Wasserburg Buchau dienen als Vorbild für die Rekonstruktionen.

→ Der Kommandostab aus Zürich.

↘ Übertragung des Musters eines verzierten bronzezeitlichen Holzstabes an den Firstpfahl von Haus 3.

»Aufschieblinge« (Roseninsel, Starnberger See) in der Dachunterkonstruktion verbessern den Wasserabfluss am Dachtrauf.

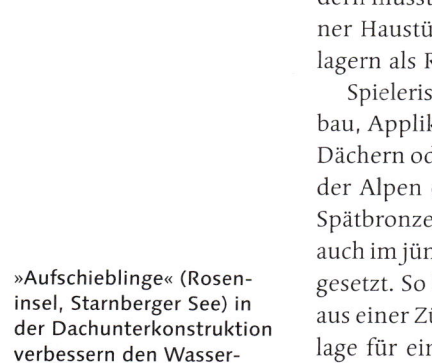

Natürlich durften die Riegel nicht, wie bei Graburnen mit Leichenbrand üblich, von außen, sondern mussten aufgrund des anderen Zwecks bei einer Haustür mit zwei oder drei hölzernen Widerlagern als Rast von innen angebracht werden.

Spielerische Elemente wie Verzierungen im Hausbau, Applikationen oder Bemalungen an Wänden, Dächern oder exponierten Bauteilen waren südlich der Alpen oft anzutreffen: Um die Zierfreude der Spätbronzezeit zu veranschaulichen, wurden sie auch im jüngsten Unteruhldinger Pfahlbaudorf eingesetzt. So bot ein reich verzierter Kommandostab aus einer Zürcher Unterwassergrabung die Grundlage für einen mit ähnlichem Muster ausgestatteten Firstpfahl. Kleinmaßstäbliche Hausurnentüren

erhielten ein Pendant im Maßstab 1:1, und schließlich wurden Firstgiebel, die als Ritzungen auf Keramik erschienen waren, großmaßstäblich auf die Häuser übertragen.

In den Gebäuden wurden einfache, von der Keramik bekannte Dreiecks-, Mäander- oder Linienmalereien ausgeführt, zur besseren Sichtbarkeit meist mit roter und weißer Farbe entsprechend den Vorbildern aus der bronzezeitlichen Siedlung Rottelsdorf bei Eisleben oder den Häusern der Nagyrév-Kultur in Ungarn. Neben technischen Bauteilen wie etwa 30 cm langen »Aufschieblingen«, die im Original von der Roseninsel im Starnberger See stammen und den Wasserabfluss von der Dachrekonstruktion verbesserten, kleinen Klemmhölzern für Türfüllungen aus dem Buchauer Befund oder hölzernen Türstürzen aus Renningen bei Stuttgart

kamen auch Dachreiter zur besseren Fixierung des Firstes zum Einsatz: Sie wurden mit den beliebten Entenköpfen der Urnenfelderzeit verziert, wie sie auf Zeichnungen und an Kleinmodellen belegt sind.

Das Einrichtungskonzept

Da das archäologische Freilichtmuseum stets auch ein nachvollziehbares Experiment bedeutet und Vorgänge veranschaulicht, die sich aus der sorgfältigen Bearbeitung von Funden ergeben haben, wurde auf die Konzeption der Innenräume besonderer Wert gelegt. Sowohl die verschiedenen Lernformen, wie abstraktes, gegenständliches und so-

ziales Lernen, als auch eine repräsentative Auswahl der vorhandenen archäologischen Informationen sollten in ihnen zum Ausdruck kommen.

Im Zuge der Einrichtung wurden 2364 Fundgegenstände nachgebildet, die in ihrem Kontext Geschichten und Dimensionen erfahrbar machen und den Vermittlungsgang im Rahmen einer Führung durch das Museum ergänzen sollten. Die Installationen beschäftigten Architekt, Grafikerin, Techniker, Künstler und Archäologen. Gemeinsam wurden die Konzepte entwickelt. Als Grundlagen dienten die immer wieder eingehend diskutierten Entwurfsskizzen des englischen Künstlers Gerry Embleton, die als Fund- und Geschichteninszenierung mit Modellen in verschiedenen Maßstäben realisiert wurden. Abstraktes sollte lebendig und verständlich gemacht werden, da dies (Weiss 2003) immer eine der vordringlichsten Aufgaben eines Museums darstellt.

Es wurde davon ausgegangen, dass ein Besucher im bereits bestehenden Freilichtmuseum bei einer 45-minütigen Führung ein Grundwissen vermittelt bekommen hat und dadurch in die Lage versetzt wird, archäologischen Erklärungsmodellen über den Weg des Objektes und der Installation folgen zu können. Um die Zerbrechlichkeit archäologischer Installationen durch andere Sichtweisen oder einfach nur neue Befunde darzustellen, die das bestehende Gerüst von einem auf den anderen Tag umwerfen können, wurden Brüche, humorvolle Details und auch sich widersprechende Bilder eingeplant. Dies sollte deutlich machen, dass jedes Bild eine Prognose, einen gut fundierten Vorschlag zur Deutung vorgeschichtlicher Realitäten verkörpert.

Ritzungen auf Keramik veranschaulichen eine unterschiedliche Gestaltung von Firstgiebeln während der frühen Eisenzeit (Schirndorf Hügel 1).

Die Umsetzung der Firstdekors in den Giebeln der Häuser 4 und 5 erfolgt mit Flechtdreiecken.

Fund- und Geschichteninszenierung in Haus 1 im neuen Bronzezeitdorf von Unteruhldingen.

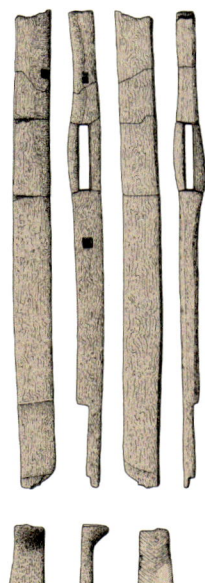

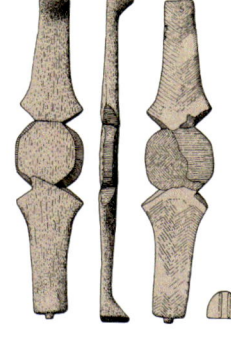

Teile von Holzmöbeln aus dem Befund der Wasserburg Buchau, zusammengesetzt als Stuhl, Rekonstruktionsvorschlag 1.

Der Wagner bei der Fertigung eines Holzrades; Händlerszene.

Szenen aus der Pfahlbauzeit

Das erste Haus bietet in seiner offenen Konstruktion einen Einblick in die Bauweise und vor allem Informationen zu Zweck, Inhalt und Fundgrundlage des Projektes. So bildet es auch den Ausgangspunkt, um dies alles dem Besucher zu vermitteln, der gerne mit und über Text lernt. Das nächste Haus veranschaulicht mit maßstäblich gefertigten Figurinen die Abschnitte »Häusliche Szene«, »Wagner- und Holzwerkstatt« sowie eine Gruppe, die dem Bronzehandwerk gewidmet ist. Das Auftauchen von Schutzwaffen wie Helm,

Schild und Beinschienen oder Prestigegegenständen wie Schwert, Prunkbeil und Lanze in der Urnenfelderzeit schlägt sich damit genauso in der gewählten Einrichtung nieder wie die erste zentimetergenaue Rekonstruktion eines vierrädrigen Holzwagens, der in zwölf Minuten auseinander- oder zusammengebaut werden konnte, oder die eines Sitzmöbels mit rot eingefärbten Stuhllehnen nach noch nicht publiziertem Befund. Hier erwies sich die Einbeziehung alter Ausgrabungsdokumentationen aus der Wasserburg Buchau, einer von 1922 bis 1937 ausgegrabenen Siedlung, einmal mehr als großer Gewinn.

Die im Vergleich zu früheren prähistorischen Epochen große Welt der Bronzezeit mit ihren weit verbreiteten europäischen Handelskontakten kommt, nicht zuletzt infolge der Zusammenarbeit mit den Projektpartnern in Hallstatt und Modena, an verschiedenen Stellen zum Ausdruck. Der Ausgrabungsort Hallstatt als eponymer, namengebender Fundort für eine ganze europäische Epoche steuerte mit Nachbildungen aus dem großen Gräberfeld und dem bekannten Salzbergwerk wichtige Bestandteile für eine Händlerszene bei.

»Salzhändler mit Sohn besucht Korbflechterfamilie am Bodensee« war eine zentrale Aufgabe bei der figürlichen Gestaltung des ersten Innenraumsets. Selbstverständlich erhielten die Reisenden aus den Alpen Kleidungsstücke aus Leder, Fell und Wolle, wie sie im Hallstätter Salz für den Abschnitt der frühen Eisenzeit nachgewiesen sind, die Bodenseemenschen dagegen Leinen- und Wollkleidung. Ohrringe, Nadelschmuck und Einrichtungsgegenstände im Haus entsprechen den örtlichen Pfahlbaufunden. Sogar typologisch alter und jun-

ger Schmuck wurde so ausgewählt, dass Altersstufen im 10. Jh. v. Chr. für den Spezialisten zu erkennen sind. Der Bruch der im Grundsatz friedlichen Szene erfolgt durch den ungewohnten Topos der »fremden Frau«, der »geraubten Frau«, die Entrechtung und wohl auch Sklaverei veranschaulichen soll. Diese andere Seite der Vergangenheit, die durch Gräber- und Siedlungsfunde immer wieder Diskussionsstoff bot, konnte durch eine düstere Modellvitrine mit einer schwer beladenen Sklavin illustriert werden.

Tiere und Umwelt vor 3000 Jahren

Das nächste Haus wurde zur Verdeutlichung eines weiteren wichtigen Vermittlungsabschnittes den Tieren und der Umwelt der Pfahlbauzeit gewidmet. Osteologen und Tierpräparatoren halfen, Skelettfragmente und Schädel in eine stimmige Hülle zu bringen. Auf der Basis bestehender Untersuchungen entstanden Schweine, Rinder, Ziegen und Pferde. Auch die Hausmaus, seit dem Neolithikum in den Pfahlbauten vertreten, kann der genaue Beobachter im Stall finden.

Dendrochronologische, waldkundliche und paläobotanische Erkenntnisse werden anhand eines Landschaftsmodells erläutert, das alle Details zur Siedlungslage, zu den Anbauflächen, Weidegründen oder Waldformen am Ufer und auf den Randhöhen in einem Diorama vereinigt. Hinweise zu prähistorischen Landschaften anhand großmaßstäblich nachgebildeter Felsritzzeichnungen aus den italienischen Alpentälern auf einer Hauswand mit eingezeichneten Ackerflächen, Hausstandorten und Wegen ergänzen diesen Informationsstrang. Kleinmodelle zu Tanz, Festen, aber auch Raubzügen und Überfällen auf das Nachbardorf schaffen seltene und neue Einblicke in die Interpretationswelt der Archäologie. Die Grundlage bil-

deten Tanz- und Festdarstellungen, aber auch eingeschlagene Schädel bei Bestattungen.

Ein Doppelmodell aus gegenübergestellter Frauen- und Männersicht zur Bronzezeit wirft die Frage auf, welches Bild und welche Sicht der Vorgeschichte denn die richtige sei. Aufgabe des Künstlers war es, jeweils mit zwölf vorgegebenen Gegenständen ein Zimmermodell aus weiblicher und männlicher Sicht zu erzeugen. Hatten nun Männer oder Frauen das Sagen? Wie kann man sich diese Welt vor 3000 Jahren vorstellen? Wer kochte, wer arbeitete, wer kämpfte, wer bediente? War es so – oder so? Das Modellpaar fordert den Besucher mit einem Augenzwinkern auf nachzudenken und für sich zu prüfen, inwieweit wissenschaftliche Interpretationen von der Person, der Entstehungszeit, dem Auswertungsstand der Archäologie oder dem aktuellen Weltbild beeinflusst werden.

Bedolina, Val Camonica. Landschaftsritzzeichnung der Bronzezeit mit Häusern, Menschen, Wegen und Feldern.

← Das fertig gestellte »Torfrind« in der Ausstellung wird bestaunt.

↙ Landschaftsmodell nach Vorbild der botanischen Analysen in Unteruhldingen, Modell Richard Windrow.

→ Modell eines Rades aus Stade.

↘ Das Fabelwesen, halb Stier, halb Ente, aus Hagnau-Burg, Bodenseekreis: ein Aufsteckvogel vom Wagenkasten oder der Radnabe.

Der Kultwagen von Orastje, Rumänien, als Nachbau.

Abschied im »Kulthaus«

Bestattung, Tod und Kult sind gleichfalls wesentliche Elemente archäologisch feststellbaren Lebens zur Bronzezeit. Eine weitere Szene widmet sich daher im so bezeichneten »Kulthaus« einer Situation kurz vor der Bestattung einer angesehenen Persönlichkeit im Dorf. Prunkwagen im Kleinen wie der Kultwagen von Orastje oder von Begräbniswagen im Originalmaßstab – hier wurden die Räderfunde von Stade und bekannte Achsenfunde herangezogen – vermitteln unter Einbeziehung kleiner Radnägel, Deichselfragmente, Achsabschlüsse und Radnaben aus den Pfahlbauten einen Einblick in eine fiktive Situation vor 3000 Jahren. Ein Stück religiöse Welt aus der Phase der »donauländisch-norditalisch geprägten Urnenfelderkultur« mit einer Trauergemeinde aus Angehörigen und Priestern wird sichtbar gemacht.

Die Zuordnung von Kopfbedeckungen wie des berühmten Goldhutes aus Schifferstadt, Rheinland-Pfalz, oder eines Hutes aus Weidengeflecht aus dem oberitalienischen Fiavè wurden im Zusammenhang mit anderen wichtigen Gegenständen maßstäblich abgebildet. Es gelang damit, Assoziationen und Bilder aus der archaischen Welt, die auch aus Schriftquellen belegt sind und meist nur als Zeichnungen von Grablegen in Fachbüchern erscheinen, im Zusammenhang einer Begräbnisszene einem großen Publikum zugänglich zu machen.

Dies gilt auch für besondere Funde. Beispielhaft seien ein Pektorale mit einem in Bronze gefassten Eberzahn aus Karlsruhe-Neureuth, Baden-Württemberg, oder Wagenbronzen wie ein Mischwesen, halb Ente, halb Stier, aus der Ufersiedlung

Hagnau-Burg, Bodenseekreis, Baden-Württemberg, angeführt, die in höchster Detailtreue nachgebildet wurden.

Um der ersten szenischen Interpretation auf der Basis von Ausgrabungsfunden ein Gegenbild beizugeben, galt es auch hier, die andere Welt der grausamen Opferschächte und jener dunklen Stellen im Wald und in den heiligen Hainen darzustellen, von denen ab der Bronzezeit Schriftsteller berichten und die im archäologischen Kontext immer wieder als grausame Einblicke in eine fremde

Welt auftauchen. Kultfiguren aus Holz, Astgabel-idole und verwandte anthropomorphe Stelen, die an Bohlenwegen und mitten im Dorf gefunden wurden, kamen als Anschauungsmaterial genauso in die Werkstatt der nachbildenden Handwerker wie die Furcht erregenden Gesichtsmasken aus menschlichen Schädeln, die uns die unheimliche Welt jenseits unserer heutigen »zivilisierten« Religionen deutlich zeigen, die so wenig mit dem oft-mals beschworenen »edlen Wilden« zu tun hat. Nach den Befunden der Majda-Hrasko-Höhle, Slo-wakei, entstand im Kleinmodell wiederum ein Spannung erzeugendes Widerbild. Es ist nicht leicht verständlich, regt aber die Diskussion um die Bedeutung von Religionen und Kulten innerhalb archaischer Kultur kritisch an.

Lebensnahe Pfahlbauern

Bei den meisten archäologischen Präsentatio-nen wird der Mensch als Träger der dargestellten Kulturen erst hinter den von ihm erzeugten Pro-dukten wie Werkzeugen, Waffen, Schmuck und Haushaltsgerät sichtbar gemacht. In manchen Mu-seen erscheint er gar nicht oder nur als Schatten-riss mit ungenauen Konturen. Verlässliche Aussa-gen zum Aussehen des Menschen früherer Zeiten sind oft nur bei Vorhandensein bildlicher Darstel-lungen oder ausreichend vorliegender Gräberfun-de mit guter Skeletterhaltung zu ermitteln. Die während der Spätbronzezeit übliche Brandbestat-tung erschwerte daher die Absicht, auch die Pfahl-bauer mittels moderner Verfahren 1:1 nachzubil-den.

Beispielhaft konnten jedoch die bei tragischen Ereignissen wie Unfällen beim Pfahlbau oder durch Kriegsereignisse zu Tode gekommenen und bestatteten Menschen analysiert und rekonstruiert werden. Mehrere Schädel von Kindern und der ei-ner älteren Frau aus der Schwemmschicht vom Rande der Ufersiedlung Buchau konnten den Ge-sichtsformern mithilfe der Computertomografie und einer Stereolithografie zur Verfügung gestellt werden.

Nachgestellte Kultszene der »alten Religion« im Modell.

↙ Über die Stereolithogra-fie und die Ausformung ei-nes Kinderkopfes entsteht wieder ein Gesicht der Bronzezeit.

Kleidung, Haare, Bemalung und Accessoires schaffen erst einen Gesamteindruck.

Informationen aus Skelettgräbern der Urnenfelderzeit wie etwa eines neu entdeckten Friedhofs bei Neckarsulm, Baden-Württemberg, halfen, Körpergrößen und Altersverteilung zu ermitteln. Die Hilfe des Klinikums Konstanz und insbesondere der radiologischen Abteilung unter Prof. Beck waren hier genauso wichtig wie die Arbeit des Anthropologen Joachim Wahl und der Präparatoren Preuschoft-Güttler und Nilsson, die nach dem Fixieren der Schädeldaten die Ausformung eines Gesichts ermöglichten. Ein Künstler gab dem toten Gipskopf schließlich durch Bemalen und das Anbringen von Haaren den Ausdruck zurück, den ein Schädel und ein Skelett eben nicht hervorbringen können.

Doch auch dieses Rekonstruktionsverfahren war mit vielen Unsicherheiten behaftet. So bestimmte die Entscheidung, welcher Ernährungszustand anhand der Muskelmarken gewählt werden oder welches Material zum Einsatz kommen sollte, was für ein Gesicht am Ende des Prozesses erscheinen würde. Daher fertigten mehrere Spezialisten schließlich anhand des Schädels eines neunbis elfjährigen Jungen insgesamt drei Köpfe. Sie sind heute an drei Stellen im Museum zu finden, unter anderem auch in der geschilderten Totenszene. Dies nimmt zwar dem informierten Betrachter den Schauer, genau in das Gesicht eines vor 3000 Jahren unter mysteriösen Umständen zu Tode gekommenen Kindes zu blicken, hilft aber der Archäologie und der auf sie angewiesenen Museologie, ihre Methoden auch wieder infrage zu stellen und die Rekonstruktionsmethoden zu verbessern.

Pro und Kontra: Besucher sagen ihre Meinung

Trotz der gewählten Form einer interaktiven Präsentation archäologischer Interpretation gibt es natürlich Fragen und Kritik. Diese werden seit der Eröffnung im Jahr 2002 über Evaluationen ermittelt. So bemängelte ein Teil der Besucher, dass zu wenig Schrifttafeln und Erläuterungen vorlägen und auch, dass die »schummrige« Beleuchtung durch versteckt angebrachte Lichtfaserkabel zugunsten von Halogenscheinwerfern auszutauschen sei. Dagegen gab es andere Stimmen, die gerade das dreidimensionale Bild, die Inszenierung mit Modellen und den Zwang, die eigene Sehkraft langsam anpassen zu müssen, als besser erachteten als die ansonsten üblichen fernsehgerechten Präsentationen im hellen Scheinwerferlicht. Diese Besucher schätzten es, Details allmählich zu erkennen und sie dann in einen Zusammenhang mit dem bereits Erfahrenen bringen zu können. Auffällig war, dass dies recht unterschiedliche Besuchergruppen formulierten. Positiv berührt waren Schulkinder, Familien und Menschen, die ansonsten wenig ins Museum gehen. Meist konnten aber auch die Fragen der kritischen Besucher durch die Museumsführer in persönlichen Gesprächen geklärt werden.

Dennoch fehlte bei der Inszenierung, wie im Nachhinein erkannt wurde, ein Aspekt, den die Museologie erst in den vergangenen Jahren verstärkt zu berücksichtigen beginnt. Trotz der sorgfältigen Planung blieben immer noch Antworten auf wichtige Besucherfragen offen. Sie drehten sich

Innenraumszene Haus 1. Händler aus Hallstatt besucht Korbflechterfamilie am Bodensee.

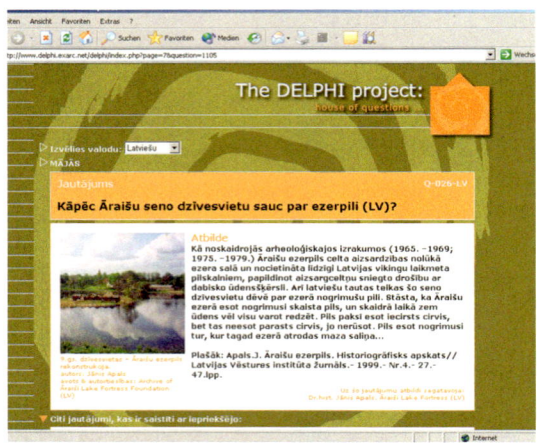

weitere Kommunikationsebenen, die gegenüber einem sich immer mehr auffächernden Zielpublikum die Bandbreite von Vermittlungsmöglichkeiten vergrößerte.

Geschichte modellhaft erläutern

Zusammenfassend lässt sich sagen, dass die neue Rekonstruktion der fünf Häuser im Freilichtmuseum Unteruhldingen für sich beanspruchen kann, eine Vielzahl von experimentalarchäologischen Prozessen zu Hausbau, Werkzeugproduktion und der Darstellung von Lebensumständen erzeugt und erklärt zu haben. Vom Axtstiel bis zur Fellkappe und von der Holzflöte bis zum Bronzerad sind Vermittlungsinstrumente entstanden, die im Kontext einer inszenierten Inneneinrichtung prähistorischer Hausnachbauten modellhaft Geschichte erläutern können.

Als Folge der ständigen Evaluation der Besucherfragen konnten zudem die archäologisch implementierten Ansätze weiterentwickelt werden. Mit einem Bündel von Vermittlungsmethoden, die sich auf archäologische Befunde zurückführen lassen und die vom Museum und vom Besucher kritisch zu hinterfragen sind, ist diese neue didaktische Einheit nicht nur eine Befriedigung des multioptionalen, modernen Kunden, sondern auch der Versuch, den gesamten Querschnitt der Bevölkerung mit sorgfältig aufbereiteter Wissenschaft zu informieren.

vor allem um den Menschen, seine Lebensumstände und die von ihm verfolgten Lösungswege bei technischen bis gesellschaftlichen Fragestellungen.

»Delphi-Haus der Fragen«

Museumsbesucher haben Fragen. Museen sind dazu da, sie zu beantworten. Dieser Verpflichtung folgend, wurde daher zwischen 2002 und 2005 in Fortsetzung des Projektes »Fünf Häuser« das nächste europäische Projekt im Rahmen des Programms »Kultur 2000« der EU entwickelt. Unter dem Titel »Delphi-Haus der Fragen« stellte es sich, ganz am Besucher orientiert, in Ergänzung zum bestehenden Dorf der Beantwortung der allerwichtigsten Fragen zur Geschichte der Pfahlbauten.

Interessant war es, dass andere Fragen auftauchten und sich diese, von wenigen Ausnahmen abgesehen, nicht mit dem aktuellen Fragenkatalog der Pfahlbauarchäologie deckten. Zusammen mit 25 anderen Museen in Europa konnte so als Abschluss der Bronzezeitanlage »Dorf Unteruhldingen« zusätzlich ein »Haus der Fragen« mit Illustrationen und erläuternden Textwänden eingerichtet werden. Weiter entstand zur Veranschaulichung von Umwelt, Verkehrsstraßen, Landwirtschaft und Viehzucht auf 2 km Länge im Umfeld des Museums ein Weg durch 10 000 Jahre Geschichte mit »Zeitinseln«, Versuchsgarten und Informationstafeln. Unter Nutzung der neuen Medien wurde als drittes Vermittlungselement eine Internet-Plattform zu den wichtigsten Fragen der Besucher in den Freilichtmuseen Europas entwickelt, die unter www.delphi.exarc.net gegenwärtig in 14 verschiedenen Sprachen als Frage- und Antwortchat zu erreichen ist. Das immer noch als »work in progress« begriffene Unternehmen »Bronzezeit« erhielt so

Echt keltisch?

Eisenzeitliche Geschichtsdarstellung: Möglichkeiten und Grenzen

VON JÖRG BOFINGER UND THOMAS HOPPE

Die Frage: Wer waren oder sind die Kelten eigentlich?, ist für jede Beschäftigung mit der historischen Darstellung des eisenzeitlichen Mitteleuropa grundlegend. Wen nannten Griechen »Keltoi« und »Galatai«, Römer hingegen »Galli« oder »Celtae«? Waren sie die Träger der Latène-Kultur oder ist eine gemeinsame keltische Sprache entscheidend für ihre Definition? Leider lassen sich unsere Quellen, die Nachrichten antiker Autoren, erhaltene Sprachzeugnisse und die archäologischen Hinterlassenschaften nicht im Sinne eines gemeinsamen und schlüssigen Bildes in Einklang bringen.

In der griechisch-römischen Ethnografie ist »Kelten« die zu keiner Zeit eindeutig festgelegte Sammelbezeichnung für eine Vielzahl von Stammesgemeinschaften Mittel- und Westeuropas. Die Bewohner der Britischen Inseln und Irlands werden von den antiken Autoren entgegen dem heutigen Sprachgebrauch jedoch nicht als Kelten bezeichnet. Sowohl Cäsar als auch Tacitus sprechen – selbst wenn gewisse Ähnlichkeiten mit den »Kelten« Galliens zum Teil betont werden – ausschließlich von »Britanniern«. Den »Kelten« schon in der Antike zugesprochene Charaktereigenschaf-

ten wie der Hang zur Prahlerei, tollkühne Furchtlosigkeit oder eine fast sprichwörtliche Trunksucht sind bis auf den heutigen Tag lieb gewonnene, ständig perpetuierte Klischees. Spricht man pauschal von »den Kelten«, betrachtet man die eisenzeitliche Bevölkerung mit dem gleichen wenig differenzierten Blick wie ihre jeweiligen griechischen oder römischen Zeitgenossen.

Die wichtigste Quelle zu den antiken Kelten sind gewiss die archäologischen Funde. Aber trotz der enormen Fülle archäologischen Materials erzählen auch diese nur Teilaspekte – naturbedingt vor allem zur materiellen Entwicklung dessen, was wir heute als Latène-Kultur bezeichnen. So hart die Einsicht auch ist, aber die Definition des Keltenbegriffes ist bei aller Kenntnis über Einzelaspekte über weite Teile ein wissenschaftliches Konstrukt. Allein deshalb vermögen »Living History« oder »Historische Geschichtsdarstellung« nie, ein wirklich authentisches Bild der Kelten zu zeichnen. Möglich ist hingegen, wozu die seriöse Geschichtsdarstellung verpflichtet ist: das Herausfiltern und Präsentieren von möglichst plausiblen, glaubwürdigen und schlüssigen Bildern und Modellen.

CARNYX – Impressionen aus der Eisenzeit

Während römische und insbesondere mittelalterliche Geschichtsdarsteller in Deutschland auf eine lange Entwicklung seit den siebziger Jahren des 20. Jh. zurückblicken können, sind Gruppen, die sich mit der Präsentation eisenzeitlichen Lebens beschäftigen, eine verhältnismäßig junge Erscheinung. Erst seit ungefähr zehn Jahren wird auch dieses Feld in größerem Ausmaße bestellt, allerdings mit umso breiterer Resonanz und erstaunlicher Dynamik.

Die Keltengruppe CARNYX, benannt nach der Bezeichnung für eine keltische Kriegstrompete, formierte sich im Frühjahr 1999 und besteht heute aus gut einem Dutzend Personen. Gut die Hälfte der Mitglieder hat einen archäologischen Hintergrund, vom Restaurator bis zu promovierten Vor- und Frühgeschichtlern. Hinzu kommen historisch Interessierte aus Tübingen und Umgebung. CARNYX ab-

Die Gruppe CARNYX im Federseemuseum in Bad Buchau.

solviert, bei durchaus größerer Nachfrage, etwa acht bis zehn Auftritte pro Jahr. Die meisten Veranstaltungen sind Stadt- und Museumsfeste, Aktionstage und museumspädagogische Veranstaltungen in Freilichtmuseen, vor allem in Deutschland, in der Schweiz, in Frankreich, Belgien oder Österreich. Hinzu kommen zunehmend Dreharbeiten für unterschiedliche in- und ausländische Fernsehproduktionen. Dabei will CARNYX den keltischen Abschnitt der europäischen Vorgeschichte möglichst detailgetreu darstellen und durch lebensnahe Präsentation den sonst isoliert im Museum ausgestellten eisenzeitlichen Fundgegenständen ihren ursprünglichen Kontext in der Alltagswelt der Kelten wiedergeben.

Als Vorbilder standen Gruppen wie die römische »VEX LEG VIII AVG« um Alexander Zimmermann aus Pliezhausen Pate, die bereits seit geraumer Zeit Geschichtsdarstellung römischen Militär- und Zivillebens auf hohem Niveau betreibt und die für ihre Rekonstruktionen und ihr Engagement im Jahr 2004 mit dem Archäologie-Preis Baden-Württemberg ausgezeichnet wurde.

Vorgeschichte zum Anfassen

Den Ausgangspunkt für diese Art der Geschichtsdarstellung bilden in erster Linie archäologische Bodenfunde, die Rückschlüsse auf keltische Tracht und Bewaffnung sowie das tägliche Leben in Haus und Hof zulassen. Ergänzt durch aktuelle Forschungsergebnisse archäologischer Nachbarwissenschaften wie Archäobotanik und Archäozoologie können zudem bis zu einem gewissen Grad auch die Nahrungsgewohnheiten in die Darstellung keltischer Lebensweise integriert werden. Die Nachrichten und Schilderungen griechischer und römischer Autoren und Geschichtsschreiber als dritte Säule unserer Kenntnis über die antiken Kelten runden schließlich das Bild ab und liefern wertvolle Hinweise zu Themenkomplexen, die sich allein durch archäologische Untersuchungen nicht zu erkennen geben würden. Schwerpunkt der derzeitigen Aktivitäten von CARNYX ist die Rekonstruktion von Tracht und Ausrüstung des 3. bis 1. Jh. v. Chr., archäologisch gesprochen also der Mittel- und Spätlatènezeit.

Die »Bühne« für CARNYX bildet ein jeweils nach den Begleitumständen gestaltetes Lager, in dem keltisches Leben und Handwerk veranschaulicht werden. Durch Vorführungen des Textil-, Keramik- und Metallhandwerks sowie des täglichen Lebens der keltischen Bevölkerung erlebt man »Vorgeschichte zum Anfassen«. Das Lager ist für die Besucher offen zugänglich. Gezeigt werden u. a. Ausrüstung und Bewaffnung keltischer Krieger sowie Tracht und Schmuck der Frauen jener Zeit.

Seit der Langen Museumsnacht 2002 in der Basler Barfüßerkirche ist eine »Geschichtsschau« fester Bestandteil des CARNYX-Programms. Einen erheblichen Teil des Wissens über die antiken Kelten verdanken wir griechischen und römischen Autoren. So leiht während der Schau ein moderner Geschichtsschreiber den antiken Kollegen wie Poseidonius, Strabo oder auch Caesar seine Stimme und macht mit deren Worten deutlich, in welchem Licht die keltischen »Barbaren« von den Griechen

↖ Über 30 000 Eisenringe: Der enorme Arbeitsaufwand führt dem Besucher vor Augen, wie wertvoll ein Kettenhemd vor mehr als 2000 Jahren gewesen sein muss.

Demonstration eisenzeitlichen Textilhandwerks: Die Schmuckborte wird direkt an den Mantel gewebt.

»Living History« und »Reenactment«

»Living History« ist die englische Bezeichnung für ein Nach(er)leben von Vergangenheit. Der englische Begriff ist dabei durchaus doppeldeutig, die deutschen Übersetzungen »Lebendige Geschichte« sowie »Geschichte erleben« vermögen ihn nur gemeinsam wiederzugeben. »Living History« setzt z.T. experimentell rekonstruierte Gegenstände in besucherorientierte und spielerische Handlungsstränge um, z. B. in didaktische Vorführungen oder dramaturgisch gestaltete historische Szenen. In diesem Sinne sind »Living History« und »Historische Geschichtsdarstellung« Synonyme. Das Ziel ist es dabei, sowohl die vergangene Epoche zu begreifen als auch sie Dritten begreifbar zu machen. Zum Bereich »Living History« gehört als Spezialgebiet die Archäotechnik, also die fundierte, glaubwürdige Demonstration prähistorischer technischer und handwerklicher Prozesse vor Publikum. Sie orientiert sich eng an den Ergebnissen des archäologischen Experiments sowie an authentischen vorindustriellen Handwerkstechniken.

Im Gegensatz zum Experiment, das offene Fragestellungen löst, indem es die Spreu der Theorien vom Weizen trennt, präsentiert die Lebendige Archäologie Bilder und Lebenswelten, die als Wirklichkeit wahrgenommen werden. »Living History« als professionelle Vermittlungsarbeit birgt große Möglichkeiten für umfassende Lernerfahrungen bei den Besuchern von Museen, sofern sie wissenschaftlich fundiert ist und von ausgebildetem Personal betrieben wird.

»Living History« ist im deutschsprachigen Raum eine seit Jahren wachsende Bewegung, deren Wurzeln vornehmlich in England und Skandinavien liegen. Nach Anfängen in den siebziger und achtziger Jahren des 20. Jh. setzte der Boom in Deutschland in den neunziger Jahren richtig ein und hält bis heute an.

»Reenactment« stammt von »reenact«: etwas wiederholen, ein Ereignis nachvollziehen, im Theater wieder aufführen, neu inszenieren, und bezeichnet die historisch korrekte Nachstellung von vergangenen Ereignissen, die

möglichst detailgetreue Wiedergabe einer Begebenheit wie z. B. einer Schlacht. Alle eingesetzten Mittel müssen dabei zumindest optisch dem entsprechen, was beim tatsächlichen Ereignis verwendet wurde, und alle historisch überlieferten Fakten fließen in das Geschehen ein. Eine Unterscheidung zu »Living History« fällt mitunter schwer – diese bezieht sich in der Regel nicht auf ein tatsächliches Ereignis in der Vergangenheit, sondern ist auf eine allgemeine Darstellung von vergangenen Kulturen ausgerichtet. Die Akteure werden in beiden Bereichen als »reenactors« bezeichnet.

Nicht jede Rekonstruktion ist ein archäologisches Experiment, aber aus einem Experiment resultiert unter Umständen eine dem antiken Original entsprechende Rekonstruktion. »Reenactment« und »Living History« machen sich oft und sinnvollerweise die Erkenntnisse der Experimentellen Archäologie zunutze, dürfen aber nicht mit dieser verwechselt werden (Beitrag Keefer, S. 14f.).

und Römern im Altertum gesehen wurden. Um diese oft politisch motivierte und bekanntermaßen mit Vorurteilen behaftete Fremdsicht zu relativieren und zu konterkarieren, kommen auch die Kelten »selbst« zu Wort: Bauer und Handwerker berichten über die Mühen des täglichen Lebens und die technischen Errungenschaften der Kelten, ein weit gereister Händler erzählt vom im Norden so begehrten und teuer bezahlten Wein. In Person eines Adligen und seiner Frau präsentieren sich die Noblen der keltischen Gesellschaft und erläutern sowohl die herrschende Mode als auch die Aufgaben und Rechte der keltischen Frau.

Die Arbeit von CARNYX stützt sich vor allem auf unbedingte Orientierung an den archäologischen und historischen Quellen bei gleichzeitiger Distanzierung von romantisierenden, esoterischen Ideen und Mystizismus. Sorgfältige Recherche, detailgetreue, qualitätvolle und glaubhafte Darstellung sind die museumspädagogische Maxime. Ziel ist es, Interesse an Geschichte zu wecken und keltisches Leben auf fundierter Basis anschaulich zu vermitteln.

Dabei gilt es, klar zwischen gesichertem Befund und zur Diskussion stehender Interpretation zu

trennen. Zu einer seriösen Geschichtsdarstellung gehört unbedingt der Hinweis auf die Grenzen des aktuellen Forschungsstandes sowie die deutliche Kennzeichnung ergänzter, lediglich mittelbar erschlossener Teile der Darstellung. Einen »handfesteren« Anknüpfungspunkt bildet hierbei das Handwerk. Sowohl beim Nachbau als auch bei der Nutzung der Ausrüstungsgegenstände fällt so manche Erkenntnis an, die man der archäologischen Literatur nur selten oder gar nicht entnehmen kann.

Der große Zuspruch des Publikums bestätigt die Attraktivität dieser Art von Wissensvermittlung. Gründe dafür liegen vor allem in der Möglichkeit unmittelbarer haptischer Erfahrung »authentischer« prähistorischer Objekte. Der Besucher erfährt auf unterhaltsame Weise Neues, ohne sich belehrt zu fühlen.

Internationale »Keltenszene«

Die »Keltenszene« boomt. So genannte »Keltendörfer« schießen aus dem Boden, die Medien greifen das Thema begierig auf. Mittlerweile existiert im In- und Ausland eine stetig wachsende Zahl von

Keltengruppen, deren Grundlagen und Motivation jedoch recht unterschiedlich sind.

Ein wissenschaftlicher Hintergrund mit museumspädagogischem Anliegen wie bei CARNYX ist eher die Ausnahme. Häufig bilden sich Reenactor-Gruppen hingegen mit Bezug auf einen bedeutenden eisenzeitlichen Fundplatz wie z. B. TARANIS (Rheinheim) oder »Treveri Primantiani« (Otzenhausen). Interesse an der Rekonstruktion eines genau definierten Teilbereichs keltischer Kultur oder am »Wiederentdecken« eisenzeitlichen Handwerks überschreiten mitunter die Grenze von »Living History« zur »Archäotechnik« (Beitrag Keefer, S 14 f.).

Entscheidend für die Eignung einer Gruppe für museumspädagogische Veranstaltungen sind neben der Qualität von Ausrüstung und Kenntnisstand über die dargestellte vorgeschichtliche Epoche sowie dem Verzicht auf die Verbreitung ideologischer Inhalte der Wille und die Fähigkeit, ihre Kenntnisse dem Publikum auch aktiv zu vermitteln.

Die »Keltenszene« ist international. Keltengruppen gibt es in Großbritannien und Irland, in den Benelux-Ländern, in Frankreich, Tschechien, Bulgarien, Spanien, Italien und sogar den USA. In Frankreich sind zahlreiche Gruppen, die keltische Geschichtsdarstellung betreiben, bereits seit einem wesentlich längeren Zeitraum aktiv, als dies in Deutschland oder auch der Schweiz der Fall ist. Begründet in der historischen Bedeutung der Kelten als »Urväter« der »Grande Nation« ist allerdings

– wie auch in Norditalien – die Motivation wesentlich breiter gefächert als bei uns. Während auf der einen Seite die »neutralen«, an Geschichtsvermittlung interessierten Gruppen zwar zahlenmäßig dominieren, gibt es aber auf der anderen Seite durchaus Gruppierungen, deren Gründe zur Beschäftigung mit der Keltendarstellung in weltanschaulichen und vor allem politischen Motiven begründet liegen.

Möglichkeiten und Grenzen der »Living History«

Eine Grundregel von »Living History« besagt, dass sämtliche Ausrüstungsteile so originalgetreu wie möglich sein sollten. Um sie herzustellen, sind gründliche Nachforschungen erforderlich. Als Quellen und Vorbilder dienen vornehmlich Grabungsfunde und naturwissenschaftliche Erkenntnisse, zeitgenössische Darstellungen wie Bildsteine oder Statuen sowie Beschreibungen antiker Autoren. Diese Informationen finden sich sowohl in Museen als auch in der einschlägigen Literatur. Der bruchstückhafte und zufällige Charakter der Überlieferung aller Quellengattungen macht es erforderlich, sie eng miteinander kombiniert einzusetzen, möchte man zu einigermaßen zuverlässigen Ergebnissen gelangen. Selbstverständlich muss nicht nur die Ausstattung, sondern auch deren Herstellung, sofern diese öffentlich vorgeführt wird, dem historischen Original entsprechen, was Material, Werkzeug und Technik anbelangt.

»Living History« ist eine im wahrsten Sinne des Wortes eindrucksvolle und wirksame Methode, um Interesse an der Geschichte zu erwecken. Selbst für den Archäologen ist es ein Erlebnis, den Gegenstand seiner Forschung einmal real vor Augen und in Händen zu haben. Geschichtsdarstellung ist eine fiktive Vorführung von Vergangenheit auf wissenschaftlichem Fundament. Sie bietet eine Anschaulichkeit, die zwar ergänzungs- und erklärungsbedürftig ist, jedoch die Überzeugungskraft des Bildhaften, des Realen besitzt. Sie stellt nicht den Originalfund, sondern die Nachbildung, die Rekonstruktion, in einem lebendigen Umfeld in den Vordergrund und wirkt so für den Betrachter spannend und kommunikativ.

Die notwendige Einbindung von rekonstruierten Gegenständen aus dem archäologischen Objektbestand in erlebbare Zusammenhänge geschieht mit dem Ziel, historische Phänomene zu verdeutlichen. Inszenierungen und Umgebung

»Living History« veranschaulicht – und macht Spaß.

Ein Blick in die Werkstatt eines eisenzeitlichen Bronzegießers. Die Besucher erleben den gesamten Produktionsablauf.

werden so zu Modellen einer historischen Situation. Erforderlich hierfür sind – auch im erzählerischen Sinne – bildliche Rekonstruktionen, selbst wenn sie ein gutes Stück Fiktion enthalten. Die Geschichtsdarstellung betritt hier eine Vermittlungsebene, die die Grenzen zwischen Bildung und Unterhaltung zunehmend verwischt. Es gilt, die Lebenswelt der Besucher mit der Vorgeschichte zu verbinden.

Geschichtsdarstellung soll historische Inhalte vermitteln und auch Spaß machen – »Edutainment« bieten. Sie vermag, Geschichte plausibel, wenn auch nicht authentisch begreifbar zu machen. Entscheidend sind die differenzierte Aufbereitung wissenschaftlicher Erkenntnisse, das inhaltliche Niveau des Gezeigten und dadurch die Qualität der Präsentation.

Freilich muss man sich der Grenzen und Gefahren bewusst sein, die mit archäologischer Rekonstruktion und historischer Darstellung verbunden sind. Gerade weil lebendig gemachte Vergangenheit so bildhaft prägnant wirkt, kann sehr leicht einem einseitigen, romantisierenden Geschichtsbild Vorschub geleistet werden. Man muss sich immer vor Augen halten: Hier wird eine mögliche Vergangenheit präsentiert und nicht die Vergangenheit. Geschichte ist nicht wiederholbar. Ist man sich dieser Tatsache nicht bewusst und macht sie nicht deutlich, droht Geschichtsdarstellung auf das Niveau naiver Kostümierung abzusinken.

Die leider immer noch vorhandene Verwechslungsgefahr mit esoterisch orientierten Gruppen und nicht zuletzt der finanzielle Mehraufwand, den es bedeutet, ambitionierte und seriöse Inter-

pretatoren- und Darstellergruppen zu engagieren, hat zur Folge, dass in Deutschland die Akzeptanz von »Living History« im Museum langsamer als in unseren Nachbarländern wächst.

Originaltreue kontra Esoterik

Durch intensive internationale Kontakte zwischen verschiedenen Keltengruppen entstand im Jahr 2001 die Idee zu einer gemeinsamen Initiative zur Förderung einer die antiken Kelten beschreibenden Geschichtsdarstellung. Unter dem Namen »Pax Celtica« wurde ein Forum für fachlichen Austausch und regelmäßige jährliche Treffen geschaffen. Die Regeln für die Teilnahme an den Treffen und die Mitgliedschaft im Forum sind in einer »Charta« festgeschrieben und für alle Mitglieder bindend. Ziel ist eine qualitative Weiterentwicklung keltischer Geschichtsdarstellung. Dazu sollen neben dem direkten Austausch und Vergleich auch Workshops dienen, in denen Spezialisten ihre Kenntnisse weitergeben. Die Mitglieder nehmen sich auch anderer Gruppen beratend an, um noch größere Originaltreue zu erreichen. Letzlich werden damit den gerade im Bereich der prähistorischen Kulturen wild wuchernden esoterischen Sehnsüchten Grenzen gesetzt und ein wichtiger Beitrag zur Vermittlung archäologisch-historischen Fachwissens geleistet.

Im Jahr 2004 hat CARNYX in Rottenburg das dritte »Pax-Celtica-Jahrestreffen« ausgerichtet, zu dem etwa 13 Gruppen aus vier Ländern mit insgesamt ca. 150 Teilnehmern kamen. Ebenso erfolgreich war das Treffen 2005 bei Nancy, Frankreich, das durch die Keltengruppe »Les Leuki« veranstaltet wurde. Derzeit besteht die Initiative aus neun Gruppen mit insgesamt mehr als hundert Mitgliedern (weitere Informationen unter www.pax-celtica.com).

»Living History« oder Geschichtsdarstellung hat ihren Preis, zumal wenn sie in gleichem Maße bildend und vergnüglich sein soll. Es zahlt sich aber im wahrsten Sinne des Wortes auch und gerade für kleinere Museen aus, wenn »neben dem rostigen Klumpen in der Vitrine die silbern glänzende Eisenfibel am Gewand eines lebenden Kelten, eines Interpretatoren, zu sehen ist und er genau erklären oder gar vorführen kann, wie sie gemacht ist und wer sie wann und in welchem Gebiet getragen hat, seine Frau daneben den Stoff dazu herstellt und den Besuchern das Weben nach prähistorischer Art beibringt (…)« (B. Kull, 2002).

Vom Original zum Replikat
Eisenzeitliches Metallhandwerk heute

INTERVIEW MIT STEFAN JAROSCHINSKI

Im oberbayerischen Rosenheim entstehen in der Werkstatt von Stefan Jaroschinski (39) Nachbauten archäologischer Fundstücke, deren Qualität und Präzision auch heute noch Staunen und Bewunderung für die antiken Handwerkstechniken hervorruft. Nach mehrjähriger Tätigkeit im erlernten Beruf machte der gelernte Orthopädiemechaniker seine Archäologiebegeisterung schließlich vom Hobby zur Profession. Gegenwärtig fertigt er in erster Linie Replikate aus Bronze und Eisen an, die sich exakt am Original orientieren.

Es sind hauptsächlich Fundstücke der frühen Eisenzeit, der so genannten Hallstattzeit, mit deren Nachbau Sie sich befassen. Was fasziniert Sie gerade an dieser vorgeschichtliche Epoche?

Nachdem sich schon relativ viele Handwerker mit der römischen Kaiserzeit befassten, stellte die Hallstattzeit mit ihrer immensen Vielfalt an Mustern und Formen ein völlig neues Aufgabenfeld dar. Die Tatsache, dass hier außerdem auch noch grundlegende Recherchearbeit zu erledigen war, machte die Sache besonders reizvoll. Außerdem liegen mir, wie sich herausstellte, die frühkeltischen Handwerkstechniken einfach.

Woher nehmen Sie die Vorlagen für Ihre Replikate und haben Sie dabei Vorlieben?

Neben den Exponaten in den archäologischen Sammlungen sind es vor allem wissenschaftliche Publikationen, die mir als Vorlage dienen. Auch der persönliche Kontakt mit Wissenschaftlern und Museumspädagogen spielt eine große Rolle. Häufig sind ja gerade sie meine Auftraggeber. Vor allem Fundstücke, an denen für mich neue Techniken eingesetzt werden müssen, bieten spannende Herausforderungen. So erfordern beispielsweise Metallgefäße mit den nötigen Treibarbeiten, aber auch Schmuckstücke wie Fibeln, Armringe oder Gürtelbleche jeweils eine spezifische Arbeitsweise.

Welche Materialien verwenden Sie für Ihre Arbeit und stellt deren Beschaffung ein Problem dar?

Nein – im Prinzip ist die Materialbeschaffung relativ einfach, allerdings muss man häufig Kompromisse eingehen, was die originalen Rohmaterialien angeht. So ist Bronzeblech, wie es früher hergestellt wurde, praktisch nicht mehr zu bekommen bzw. zu bezahlen. Ich arbeite vor allem mit modernem Eisen bzw. Industriestahl und mit Tombak, einer für Schmiedearbeiten idealen Bronzelegierung.

Können Sie uns den Herstellungsprozess z. B. einer Fibel vom Rohmaterial bis zum Museumsreplikat kurz beschreiben?

Zunächst beginne ich mit der Recherche zu Material, Oberfläche und Form des gewünschten Objektes. Vorhandene Abbildungen werden im nächsten Schritt auf den Maßstab 1:1 gebracht und auf eine Vorlage übertragen. Bei einer Fibel wird dann, je nach ursprünglicher Herstellungsart, der Bügel als erster Teil herausgeschmiedet und an die originale Größe des Fundstücks angepasst. Danach muss der Fibelfuß mit dem Nadelhalter ausgeschmiedet und umgebördelt werden. Verzierungselemente werden gegebenenfalls extra angefertigt und eingesetzt, möglichst in »originaler« Technik angenietet. Anschließend wird die Nadel mit der aufgewickelten Spirale eingepasst, die nach dem Prinzip der Si-

Replikate archäologischer Fundstücke aus der Eisenzeit.

Stefan Jaroschinski in seiner Werkstatt in Rosenheim.

cherheitsnadel für die Spannung sorgt. Am Schluss stehen Feinarbeiten wie Ausrichten, Abkanten mit der Feile und schließlich das vollständige und zeitaufwändige Polieren des Stücks.

An welche Grenzen stoßen Sie bei Ihrer Arbeit?

Schwierig wird es vor allem dann, wenn die Fundstücke, die ich rekonstruieren will, nur sehr schlecht erhalten sind, sodass mehrere unterschiedliche Originalfunde zu einer Vorlage für das Replikat »zusammengebaut« werden müssen. An echte Grenzen stieß ich allerdings im Bereich der Verzierungen. Manchmal verzichte ich – aus Respekt vor der damaligen handwerklichen Leistung – oft ganz auf sie. Aber man wächst mit den Aufgaben. Wenn z. B. besondere Helmformen oder auch Rekonstruktionen von Wagen im Moment noch unmöglich erscheinen, so möchte ich durch das Verfeinern bestehender und das Erlernen neuer Handwerkstechniken bald auch derartige Stücke in Angriff nehmen.

Sehen Sie ihre Arbeit als Teil der Experimentellen Archäologie?

Ich versuche, die Gegenstände – oft mit modernen Mitteln – möglichst detailgenau nachzufertigen. Zuallererst muss die optische Erscheinung stimmen. Experimentelle Archäologie ist das nicht. Allerdings hat meine Arbeit schon einiges zum Verständnis der Fundstücke und ihrer Entste-

Fußzierfibeln werden angefertigt.

hungsgeschichte beigetragen. Der Sinn und die Bedeutung kleiner technologischer Details erschließen sich häufig erst durch die praktische Erfahrung.

Wie kommen Ihre Arbeiten bei Archäologen, bei den Museen und in der Öffentlichkeit an?

Ich bin kein Museumspädagoge. Ich arbeite ausschließlich in meiner Werkstatt und zeige kein eisenzeitliches Handwerk etwa bei Museumsfesten. Meine Replikate werden jedoch häufig für museumspädagogische Zwecke eingesetzt, da sie immer funktionell sind. In den letzten Jahren ist mit der Qualitätssteigerung meiner Arbeit auch die Akzeptanz besonders bei Museen gewachsen. So ergab sich eine Zusammenarbeit, die mir sehr wichtig ist. Meine Kontakte erstrecken sich inzwischen europaweit und reichen von Italien bis Schottland.

Wie geht es weiter in Ihrer »Hallstattwerkstatt« – haben Sie ein Wunschprojekt?

Im Großen und Ganzen möchte ich der Hallstattzeit treu bleiben. Als spannendes Projekt soll demnächst ein früheisenzeitlicher Streitwagen nach den Vorbildern aus der Situlenkunst entstehen. Außerdem ist eine Ausstellung zu Replikaten und ihren antiken Vorbildern in Planung. Insgesamt werde ich mich wohl zeitlich und regional noch stärker spezialisieren – das steigert die Qualität meiner Replikate: Man wird eben immer penibler.

Die Fragen stellten Jörg Bofinger und Thomas Hoppe.

Ein bisschen Zeit für Eisen
Vom Experimentieren mit nachgebauten Rennöfen

VON GUNTRAM GASSMANN

Unsere Zeitreise in die Vergangenheit stößt recht schnell an ihre Grenzen, wenn wir gesamtgesellschaftliche Zusammenhänge oder gar individuelle Geisteshaltungen meinen. Wir sitzen bestenfalls allein im Zugabteil und blicken durch ein Fenster, das mal von innen beschlägt, ein anderes Mal durch den herabfließenden Regen nur verschwommene Wahrnehmungen zulässt. Auch nachts halten wir nicht inne, erkennen aber draußen nur noch wenig. Trotz dieser Einschränkungen bekommen wir viel zu sehen: Manches erscheint uns vollkommen fremd, anderes erinnert uns an Sachen, mit denen wir selbst ab und zu in Berührung kommen oder die uns sogar vertraut sein mögen. Was wir wahrnehmen, ist vor allem die Welt der Dinglichkeit. Vorwiegend über deren Entschlüsselung erschließt sich uns ein selektives Bild der vorgeschichtlichen Vergangenheit.

Eine Retrospektive auf die Eisenzeit, besser: auf die materiell überlieferbaren Hinterlassenschaften aus der Eisenzeit, macht keinen Sinn, ohne intensiv auf das Thema Metallurgie einzugehen. Eine zentrale Rolle in der damaligen Welt kommt der Herstellung und Verarbeitung von Metallen zu, insbesondere von Eisen und Stahl, wie sich bereits anhand der Bezeichnung dieser Epoche unschwer ablesen lässt. Viele der damals kreierten Formen von Werkzeugen, Geräten, Waffen und Prestigeobjekten haben sich bis heute so wenig verändert, dass sie noch ohne weiteres verstanden und funktional bedient werden können. Dies gilt besonders für handwerkliche Gerätschaften wie Hämmer, Meißel, Zangen, aber auch für die Sense und, obwohl nicht mehr zeitgemäß, jedoch im kollektiven Gedächtnis haftend, für alle Arten von Waffen und Rüstungen, vom Dolch bis zum Kettenhemd.

Während die Form als solche, abgesehen von der Ornamentik, also noch relativ problemlos erkannt und zugeordnet werden kann, gibt es bereits beim Nachvollzug zugrunde liegender Herstellungstechniken erste Probleme bei Detailfragen, die sich teils nur mit erheblichem Fachwissen erschließen. Oft bedarf es zum Kopieren der Originale wahrer Meister ihres Faches. Funktionale Rekonstruktionen sind wichtige Vorarbeiten zum archäologischen Experiment, sie unterscheiden sich aber in dem wesentlichen Punkt vom Original, dass sie nicht zwingend mit authentischen Werkzeugen in authentischen Anlagen gefertigt sein müssen, auch wenn das Resultat später seinem Vorbild zum Verwechseln ähnelt. Darüber hinaus kann das Innenleben bei Einhaltung der äußeren Form ein vollkommen abweichendes sein.

Vergangenheit wiederbeleben

Losgelöst von der gesamtgesellschaftlichen Einbindung muss es dennoch möglich sein, die bei archäologischen Ausgrabungen festgestellten pyrometallurgischen Einrichtungen ihrem Wesen nach

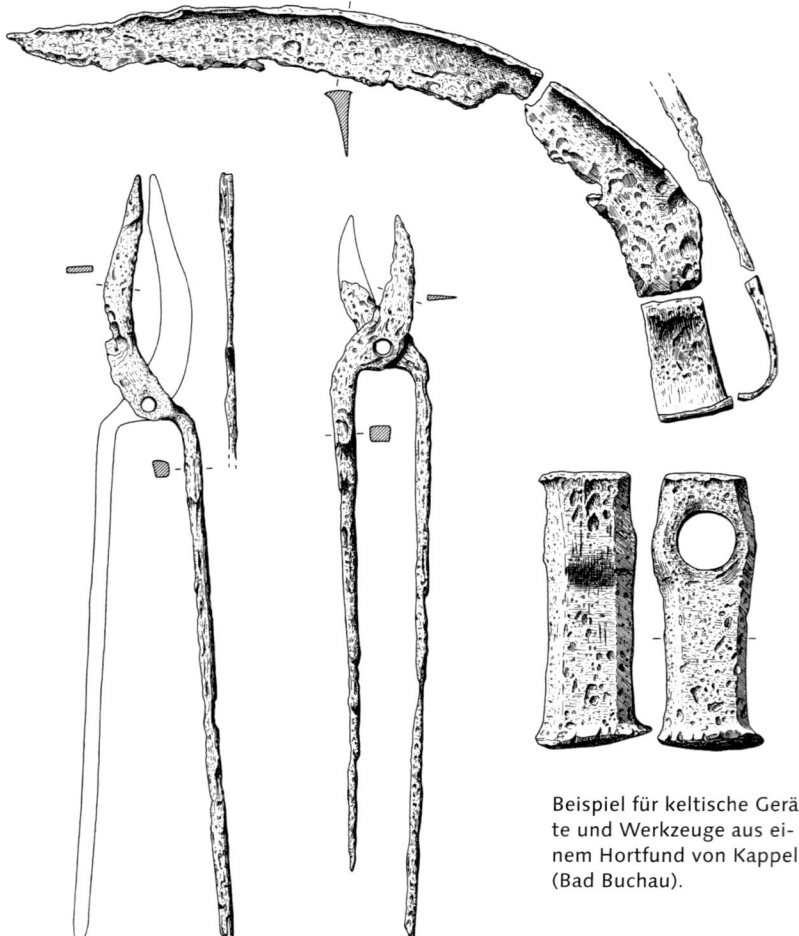

Beispiel für keltische Geräte und Werkzeuge aus einem Hortfund von Kappel (Bad Buchau).

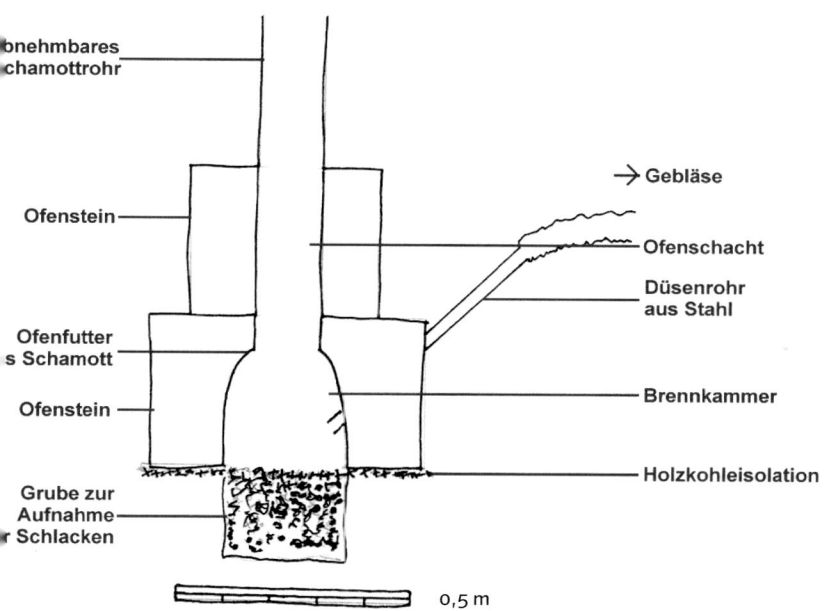

bnehmbares
chamottrohr

Ofenstein

Ofenfutter
s Schamott

Ofenstein

Grube zur
Aufnahme
r Schlacken

→ Gebläse

Ofenschacht

Düsenrohr
aus Stahl

Brennkammer

Holzkohleisolation

0,5 m

Skizze eines Versuchsofens zur Simulation der Rennofentechnik an der Hochschule Aalen – Technik und Wirtschaft.

zu rekonstruieren und ihre Funktionsweise zu erforschen. Eine Überprüfung der Ergebnisse mittels Experimenten kann dabei sehr hilfreich sein. Dadurch wird wenigstens ein Stück weit Vergangenheit erfahrbar, ausgehend von der Grundidee, dass technische Verfahrensschritte nach gewissen Regeln ablaufen müssen, die nichts mit der Geisteshaltung des jeweiligen Betreibers zu tun haben. Beispielsweise gibt es heutzutage fast überall auf der Welt Kraftfahrzeuge, die alle nach demselben Prinzip funktionieren, unabhängig davon, welcher Kulturgruppe der Fahrzeuglenker angehört.

Das Experimentieren am möglichst originalgetreu nachgebauten Objekt macht aber nur Sinn, wenn die Grundzüge der zu erwartenden Prozessschritte und der hierbei ausgelösten chemischen Reaktionen bekannt sind und nicht nur verstanden, sondern auch beherrscht werden. Zweckmäßig ist zunächst wissenschaftliche Grundlagenforschung, die unter Laborbedingungen stattfinden muss. Das heißt, ein idealisierter Reaktor (»Rennofen«) wird mit allerlei Messtechnik ausgestattet, die die zeitgenaue Aufzeichnung von Prozessparametern wie Luftzirkulation und Gaszusammensetzung, Druck und Temperatur an differenzierten Bereichen ermöglicht. Die aufgezeichneten Versuche werden mit veränderten Parametern möglichst oft wiederholt. Darüber hinaus ist die Zusammensetzung der Chargierung – Erz, Kohle, Zuschläge – so zu variieren, dass sich viele Kombinationsmöglichkeiten ergeben. Laborversuche liefern Serien von Daten, die ausgewertet werden können und die theore-

tischen Grundlagen für erfolgreich umzusetzende Freilandexperimente bieten. Zur Kontrolle gibt es zudem Diagramme, die auf physikalischen Gesetzmäßigkeiten beruhen, wie sie durch die Grundlagenforschung schon seit langem bekannt sind. Alle diese Schritte konnte sich der eisenzeitliche Schmelzmeister sparen, weil er auf einen reichen Erfahrungsschatz von Try-and-Error-Versuchen zurückblickte, den ihm seine Vorfahren hinterließen.

Schmelzversuche und Öffentlichkeitsarbeit

Erst jetzt also sollte die Zuwendung zum archäologischen Befund erfolgen, aber sie sollte tatsächlich erfolgen. Was alles wird uns bei experimentalarchäologischen Events an »keltischen Verhüttungsöfen« aufgetischt, die nicht einmal das Prädikat einer Herkunft aus Fabeln und Märchen rechtfertigen? Sie mögen originell sein, original sind sie aber nicht. Bereits den Schulkindern wird dadurch, zwar meist unbeabsichtigt, aber in der Wirkung doch einprägsam, ein falsches Bild vermittelt, das nicht mit der Realität übereinstimmt. Umgebaute Turbostaubsauger heulen mit Pressluftflaschen um die Wette, Luftmatratzenpumpen quietschen, Professoren stöhnen, der Met fließt in Strömen und das Volk applaudiert. Natürlich hat der Autor sich auch schon an derlei Darbietungen beteiligt, aber bitte schön, das kann noch nicht alles gewesen sein! Hier entwerfen wir uns die Vergangenheit als Pauschalurlaub mit Animation vor indigener Kulisse. Und dafür sollen die Vorfahren herhalten.

Übrigens: Wer zu viel Wind macht, bläst seinen Ofen tot. Das echte Experiment braucht keine Kulisse, keine Öffentlichkeit. Wer lässt sich schon gerne auf Dauer bei der Arbeit zusehen? Vorführungen sind immer nur eine Konzession an das Publikum, bestenfalls eine Wiedergabe andernorts gewonnener Erkenntnisse. Dies mag zwar wichtig sein, die Daseinsberechtigung von Events sei prinzipiell ebenso wenig infrage gestellt wie die der Vergangenheitsforschung, aber sie tragen nicht unbedingt zur Wahrheitsfindung bei. Früher gründete das Eisenmachen vielleicht auf sehr vielen Geheimnissen, die auszuplaudern töricht, unerwünscht oder sogar gefährlich war. Das Verhütten von Erz als öffentliche Veranstaltung wäre undenkbar gewesen! Das ist bei den heutigen Hochöfen durchaus nicht anders. Sicher waren damals schon nur wenige auserwählt, die höheren Weihen zu empfangen oder, je nach Standpunkt, die »Drecksarbeit« zu erledigen.

Temperaturmessung
während des Ofenbetriebs
an der Hochschule Aalen.

Metallurgie gekoppelt und sollte bei den Experimenten nicht fehlen. Voraussetzung für die Metallurgie war also das Zusammenwirken von Personen oder Arbeitsbereichen unterschiedlichster Tätigkeitsfelder: Baumfällarbeiten, Köhlerei, Erzegewinnung, Transport, Ofenbau, Verhüttung, Metallverarbeitung und Handel. Hinzu kommt die Ausrüstung und Versorgung.

Mit Hangwind betrieben?

Seit den dreißiger Jahren des 20. Jh. wissen wir aus dem Siegerland, dass dort während der Latènezeit riesige, in den Hang eingegrabene kuppelförmige – genauer: birnenförmige – Rennfeueröfen zur Eisen- und Stahlerzeugung betrieben wurden. Diese hatten Innendurchmesser von ungefähr 1 m und waren mindestens ebenso hoch. Zur hangabwärts orientierten Frontpartie führte meist ein längerer künstlicher, in den Hang eingegrabener Kanal, dessen letztes, am Ofenmund endendes Stück mit randlichen Steinen und Deckplatten bestückt war. Direkt an der Ofenfront befand sich in einigem Abstand über der Sohle in der dort angesetzten Ofenwand ein runder, nach innen gewölbter Luftdurchlass (Windform) von vielleicht 10 cm Durchmesser.

Die Frage wurde laut, ob der mit diesem Detail versehene Ofentyp mit natürlich vorkommendem Hangwind betrieben werden konnte, wofür auch die stets wiederkehrende Ortswahl an Quelltrichtern tief eingeschnittener Bachtälchen sprach. Funde unlängst ausgegrabener ähnlicher, aber wesentlich älterer Kuppelöfen im Nordschwarzwald bei Neuenbürg, die wie die Miniaturausgaben des Siegerländer Ofentyps anmuten und in vergleichbarer Lage angetroffen wurden, zeigen teilweise ebenfalls an der Frontpartie eine überdimensionierte Lufteintrittstelle. Dies spricht auch hier für den Betrieb mit natürlichem Hangwind.

Bitte keine Sauerstoffflaschen: Nur Geduld und der optimale Zeitpunkt sind gefragt. Allerdings gibt es bisher streng genommen noch keinen echten Verhüttungsversuch mit einem Nachbau des Neuenbürger Ofentyps. Dafür ist seine Entdeckung noch zu frisch. Bescheidene Anfänge aber zeigen: Das Prinzip kann funktionieren. An einer exponierten Stelle bei Waldrennach wurden kürzlich mehrere Öfen angefertigt und bei einer öffentlichen Veranstaltung parallel betrieben. Dies geschah nur zur Veranschaulichung der jüngsten Grabungsergebnisse, nicht als wissenschaftliches Experiment. Die

Der Verhüttungsprozess

Wie dem auch sei, der Umgang mit der Materie erforderte Spezialisten. Schon die Wahl des Standorts war entscheidend. Und das Baumaterial, die Holzkohle, die Erze. Und die Jahreszeit, die Temperatur, der Wind. Und natürlich das geistig-soziale Umfeld. Eisen aus den Erzen zu schmelzen erforderte stets einen hohen Aufwand, da das Metall vollständig vom Sauerstoff getrennt (reduziert) werden muss, mit dem es sich doch so gerne und intensiv verbindet. Es bedarf eines geschlossenen Reaktionsraumes (Schmelzofen), in dem die erforderlichen Bedingungen geschaffen werden, damit die chemischen Reaktionen stattfinden können.

Im Gegensatz zur modernen Hochofentechnik wird bei den alten Schmelzverfahren (Rennfeuern) das Metall nicht im flüssigen Zustand reduziert, sondern überwiegend als Feststoff. Parallel dazu bildet sich flüssige Schlacke, die zur Ofenbasis sickert oder durch Abstich aus dem Ofen herausrinnt (rennen = rinnen). Beim Rennprozess werden wesentliche Anteile des Eisengehaltes zur Bildung einer niedrig schmelzenden Schlacke konsumiert, die Metallausbeute rangiert deshalb meist unter zwanzig Prozent – bei vielen Versuchen coram publico deutlich darunter. Der Prozess erfordert den Einsatz reicher Erze. Energieträger und Reduktionsmittel ist bei den älteren Verfahren in aller Regel Kohlenstoff, der als Holzkohle in den Prozess eingebracht wird. Köhlerei ist unmittelbar mit der

Ofennachbauten waren wie ihre keltischen Vorbilder komplett im Hang eingegraben und aus hitzebeständigem Lehm errichtet, mit einem Innengerüst aus Rutenflechtwerk. Lediglich die Frontpartie mit dem Düsenrohr und einer basalen Öffnung zur Vorgrube blieb von außen zugänglich. Die Beschickung mit Holzkohle und Neuenbürger Erz erfolgte über die nach oben ragende Gichtöffnung. Unter einem kontinuierlich blasenden Hangwind lief der Prozess über mehrere Stunden, wobei sich an der Ofenbasis ein stattlicher Schlackenklotz anreicherte. Größere Metallansammlungen, die sich vor dem Düsenrohr über der Schlacke abscheiden, sind das Ziel zukünftiger, nicht öffentlicher Versuchsreihen. Es bleibt zu hoffen, dass auch die experimentalarchäologischen Bestrebungen im Siegerland bald zu authentischen Versuchen mit dem dortigen Ofentyp führen werden.

Was die alten Schmelzmeister wussten

Zum Trost sei darauf hingewiesen, dass sich mit hohen Schachtöfen, wie sie im freien Germanien betrieben wurden, durchaus allein durch die Zug-

Schmelzversuch mit rekonstruiertem Kuppelrennofen in Neuenbürg-Waldrennach.

wirkung im Schacht respektable Ergebnisse erzielen lassen, wie in der Langobardenwerkstatt in Zethlingen zu erfahren ist. Es geht also tatsächlich auch ohne Blasebalg!

Mit dem Vorkommen von schmaleren Windöffnungen, die bei manchen der kuppelförmigen Rennfeueröfen zusätzlich angetroffen wurden, eröffnen sich für die Verhüttungsversuche windunabhängige Experimente unter Einsatz von einfachen Blasebälgen. Damit lassen sich bei Schauveranstaltungen zwar die besseren Ergebnisse erzielen, den tatsächlichen Verhältnissen früher Produktion werden sie aber nur in Teilen gerecht.

In Deutschland gibt es zur latènezeitlichen Verhüttung – dies gilt im Übrigen auch für andere Epochen – leider noch viel zu wenige seriöse Experimente, die sich an den archäologischen Befunden orientieren und mit Originalnachbauten operieren. In diesem Punkt müssen wir noch sehr viel lernen. Wie man gute Experimente durchführt, hat Peter Crew in Wales gezeigt. Andererseits, wenn es schon öffentliche Darbietungen sein müssen, sei auf das Archäodrom in Burgund verwiesen.

Es wird sicher noch viel Zeit und Mühe kosten, bis wir mit unseren Versuchsergebnissen wenigstens annähernd an die Fähigkeiten der alten Schmelzmeister mit ihren Rennöfen herankommen. Die archäologischen Experimente dienen zunächst nur der Horizonterweiterung des Archäotechnikers, der vielleicht irgendwann in der Zukunft seine persönliche Reise in die Vergangenheit mit einem für ihn befriedigenden Ergebnis abschließen kann. Sicher kann er einige andere dabei mitnehmen, aber wie nach jedem Urlaub wird daheim die grausige Erkenntnis reifen: Die Realität sieht leider anders aus.

Ein neuer Weg

All dem ausgesprochenen Dilemma zum Trotz sei auf die Möglichkeit verwiesen, vom Bahnhof Neuenbürg aus auf Schusters Rappen selbst eine Reise in die Vergangenheit zu den Ursprüngen der keltischen Eisenproduktion anzutreten. Momentan wird dort die alte Verbindungslinie zwischen dem schon seit der Latènezeit besiedelten Schlossberg und den vielleicht noch früher bestehenden Erzabbaugebieten und Verhüttungsplätzen beim Besucherbergwerk »Frisch-Glück« wiederbelebt (Spectaculum-Ferrum-Weg). Keine Angst, die Zeitreise ist nicht so strapaziös, dass Sie dabei wirklich irreversibel altern!

Museumsbesucher im Schmelztiegel

Archäologische Erkenntnisse gewinnen im Praxistest neue Qualität

VON BASTIAN ASMUS

Ein Schmelzofen und flüssiges, orange glühendes Metall üben auch heute noch eine große, scheinbar magische Anziehungskraft aus: Sie verleitet dazu innezuhalten und sich vom Schauspiel der Elemente gefangen nehmen zu lassen. Die meisten Menschen können sich der Faszination des Feuers nicht entziehen. Könnte es sich in der Urgeschichte nicht ebenso verhalten haben? Wie Zauberei muss es damals erschienen sein, dass sich feste Materie den Wünschen des Gießers beugt.

Hat der Schmelzofen neben der technologischen auch noch eine soziale Funktion erfüllt – ein Ort, um Geschichten auszutauschen und Gemeinschaft zu erleben? Genau diesen Aspekt nutze ich, um den Museumsbesuchern ihre eigene Geschichte näher zu bringen. Das Vorführen alter Handwerkstechniken ermöglicht es uns, den Vorfahren »über die Schulter« zu schauen und zu lernen. Dies gilt für die Zuschauer wie für die Vorführenden. Bei der Nachschöpfung eines archäologischen Fundobjekts, etwa eines Schmuckstücks aus der Bronzezeit, kann der Besucher mit auf die Reise gehen und alle Schritte miterleben, die notwendig waren, um zu einem fertigen Objekt zu gelangen. Ist das Interesse derart geweckt, ist es viel leichter, größere Zusammenhänge aufzuzeigen und mit archäologischen Informationen zu belegen.

Bronzeguss und Erwartungsdruck

Der Umgang mit flüssigem Metall stellt einen Meilenstein in der Menschheitsgeschichte dar. Viele Erfahrungen mussten gesammelt werden, um Metall willentlich erschmelzen und in eine gewünschte Form bringen zu können. Mit der Einführung dieser neuen Technologie gingen mannigfache gesellschaftliche Veränderungen einher: Die Entstehung ausgeprägter Führungsschichten, die Kontrolle von Ressourcen, ein weltumspannender Handel oder die Entwicklung ausgefeilter Technologien sind einige der Neuerungen, die die Bronzezeit mit sich bringt. Nicht zuletzt die Verknüpfung von scheinbar simplen Handwerkstechniken mit komplexen Wechselwirkungen zwischen Tech-

nologie und Gesellschaft haben mich dazu veranlasst, mich mit dem prähistorischen Bronzeguss auseinander zu setzen.

Das Vorführen einer komplizierten Technologie im Museum hat viele Vorzüge: Wir treten den Beweis an, dass unsere archäologische Rekonstruktion tatsächlich funktioniert: Das steigert unsere Glaubwürdigkeit als Vorführende. Viele Arbeitsabläufe werden demonstriert, die in einer theoretischen Abhandlung zu kurz kommen. Wie macht man ein Wachsmodell für eine Vasenkopfnadel? Wie bekommt man schöne, gleichmäßige Verzierungen in ein Wachsmodell? Worauf muss ich achten, wenn ich den Lehmmantel auf ein Wachsmodell auftrage? Kann man Bronze wirklich ohne moderne Hilfsmittel schmelzen? Funktionieren bronzene Werkzeuge überhaupt?

Diese Art von Fragen lässt sich mit einer Museumsvorführung anschaulich beantworten. Viele technische Schwierigkeiten sind bei deren Planung im Voraus zu lösen. Alle notwendigen Werkzeuge müssen rekonstruiert und hergestellt werden. Der Arbeitsablauf ist so zu komprimieren, dass die Es-

Der spätbronzezeitliche Amboss und der Tüllenhammer wurden vermutlich für die feinere Metallbearbeitung verwendet. Im Vordergrund sind drei Ringrohlinge zu sehen, die noch über den Gusszapfen verfügen. Im Hintergrund ein Topfblasebalg für den Schmelzofen.

Die Farbe flüssiger Bronze besitzt nahezu magische Anziehungskraft.

↗ Bastian Asmus beim Gießen in eine Wachsausschmelzform. Im Hintergrund ist der Schmelzofen zu erkennen. Mit einem Holzscheit werden Holzkohlestückchen, die auf der Schmelze schwimmen, zurückgehalten, sodass diese nicht in die Form gelangen.

→ Lebendiges Museum – Vorführungen erwecken tote Materie zum Leben und ermöglichen uns eine »Reise in die Vergangenheit«.

senz des zu demonstrierenden handwerklichen Ablaufs präsentiert wird, aber die Besucher dennoch nicht mit einer falschen oder verzerrten Idee des Vorgangs nach Hause gehen.

Das Problem liegt in der Komplexität handwerklicher Arbeitsabläufe: Museumsbesucher sind nicht daran interessiert, simplen Arbeitsschritten wie etwa dem Abgraben von Lehm zuzusehen, da sie zu trivial erscheinen. Andererseits erfordern manche Schritte mehr Zeit, als während einer Vorführung zur Verfügung steht – man denke nur an das Trocknen von Tongefäßen vor dem Brand. Was tun? Man kann z. B. Anschauungsmaterialien zu allen Schritten anfertigen und diese im Gespräch hinreichend erläutern. Dem Erwartungsdruck eines größeren Publikums gerecht zu werden und ein vorzeigbares Produkt abzuliefern, ist eine ständige Herausforderung. Gefragt sind zudem Unterhaltung und »Action«, doch die Museumspädagogik hat ein Anliegen jenseits von kurzweiliger Unterhaltung. Wir möchten Archäologie vermitteln, nicht »verramschen«.

Das Fundobjekt begreifen

In den vergangenen 30 Jahren hat die archäologische Wissenschaft eine substanzielle Wandlung hin zu den Naturwissenschaften erlebt. Das Gebiet der Archäometrie als Schwesterdisziplin der Archäologie beschäftigt sich mit der naturwissenschaftlichen Auswertung archäologischer Funde und Befunde. Eine der Subdisziplinen ist die Archäometallurgie, die sich mit Arbeitsabläufen und Herkunftsanalysen auseinander setzt.

Rekonstruktionen sind natürlich Gegenstand berechtigter Kritik, da sich die Methodik der Archäologie auf vielerlei Hypothesen und Modelle stützen muss. Wenn man bedenkt, dass Archäologen zu 99% den Abfall unserer Vorfahren ausgraben und diese keinerlei Schrift besaßen, so scheint es verwunderlich, dass wir überhaupt so detaillierte Einsichten in das Leben in ur- und frühgeschichtlicher Zeit besitzen. Wir müssen uns im Klaren darüber sein, dass wir nur Interpretationen liefern können, die zu einem gewissen Grad durch unser jetziges Gesellschaftssystem und eigene Erfahrungen beeinflusst sind.

Besucher haben heute endlich die Gelegenheit, die Dinge zu erfragen, die in einem Museum normalerweise nicht vermittelt werden. Hierzu zählen auch die Erfahrungen, die durch das »Begreifen« der Objekte gemacht werden können. Dass ein

bronzezeitliches Beil wirklich zum Arbeiten taugte, ist glaubwürdiger, wenn man es ausprobieren, als wenn man es nur durch eine Glasscheibe ansehen kann. Gerade die Information über das »Wie?«, so scheint es, interessiert die Museumsbesucher.

Die archäologische Disziplin beschäftigt sich erst seit 30 Jahren intensiver mit diesem Aspekt, und die Archäotechniker füllen hier eine sehr wichtige Lücke. Indem sie theoretische archäologische Überlegungen in die Praxis umsetzen und deren Leistungsfähigkeit testen, leisten sie einen entscheidenden Schritt zu einer authentischen und funktionsfähigen Rekonstruktion. Dies ist ein Zugang zur Archäologie, der das Sammeln von Erfahrungen mit einschlägigen Techniken oder Handwerken sowie mitunter jahrelange archäologische Experimente und Versuche erfordert.

Bunte Tuche, prachtvolle Borten

Zur Rekonstruktion eisenzeitlichen Textilhandwerks

VON SYLVIA CRUMBACH

Ein lebendiges und damit anschauliches Bild der Menschen in der Vergangenheit zu schaffen, ist das Anliegen vieler Themenausstellungen, Veröffentlichungen und zunehmend auch von Dokumentationen in Film und Fernsehen. Die Grundlagen dazu werden durch die Ergebnisse der archäologischen Forschung sowie von Fachleuten aus dem Bereich der Textilforschung geschaffen, wie dem Tagungskreis NESAT (Nordeuropäisches Symposium für Archäologische Textilien). Auf dieser Basis erarbeiten die Mitglieder des Vereins »Projekte zur lebendigen Geschichte e.V.« Trachtausstattungen, aber auch Gegenstände des alltäglichen Lebens wie z. B. Fischernetze oder Gebrauchskeramik. Zum Einsatz kommen die Trachtrekonstrukti-

onen und Werkzeuge unter anderem als Leihgaben in Museen bzw. im Bereich der »Living History« bei Begleitprogrammen für Sonderausstellungen, wo auch die handwerklichen Fähigkeiten vorgeführt werden. Einen besonderen Schwerpunkt der Arbeit bildeten in den vergangenen drei Jahren Rekonstruktionen von Trachten der Hallstattzeit und germanischer Textilien der römischen Kaiserzeit.

Unter den herausragenden erhaltenen textilen Objekten der Eisenzeit reizen die von K. Schlabow als germanische »Prachtmäntel« bezeichneten großen rechteckigen Tücher ganz besonders zur Nacharbeitung. Der mit einer Nadel oder Fibel auf der Schulter gehaltene Mantel lässt sich von der ägäischen Bronzezeit bis in die Völkerwanderungszeit nachweisen. Erwähnt werden diese außerordentlich wertvollen und prestigeträchtigen Stücke in der zeitgenössischen Literatur, Abbildungen finden sich auf griechischen Vasen und etruskischen Wandgemälden in Gräbern. Solche »Prestigetextilien« haben wahrscheinlich als wertvolle Grabgüter wie auch zum Einhüllen des Leichnams und der hochwertigen Beigaben aus Metall eine wichtige Rolle im Grabbrauch gespielt. So beschreibt schon Homer wertvolle Tücher im Bestattungsbrauch, und nach H. J. Hundt waren hinter der Kline des »Fürsten von Hochdorf« mehrere Prachttücher aufgehängt. Für die römische Kaiserzeit sind aus norddeutschen Mooren Prachtmäntel sowohl als »Opfergaben« als auch in Verbindung mit Moorleichen nachgewiesen.

Kunstvolle Webkanten

Als Gemeinsamkeit besitzen alle eisenzeitlichen Prachttücher/Prachtmäntel brettchengewebte Kanten. Diese seit der frühen Eisenzeit nachgewiesene Webtechnik ermöglicht die Herstellung von Bändern oder Randverstärkungen mittels Brettchen mit vier Löchern, durch die jeweils ein Faden geführt wird. Führt man mit dem Kärtchen-Stapel eine Vierteldrehung aus, entsteht ein Webfach, in das ein Schussfaden eingelegt werden kann. Als Schärhilfe kann ein Brettchengewebe dienen,

Keltischer Prachtmantel für die ältere Hunsrück-Eifel-Kultur (Rekonstruktionsvorschlag). Er verbleibt beim Rheinischen Landesmuseum Bonn.

Gestaltungsdetail: Situlen-
abdecktuch, Borten mit
Zinnenmäandermotiv

Rekonstruktionsvorschlag:
Germanische Trachten der
Römischen Kaiserzeit (frü-
hes 3. Jh. n.Chr.)

wenn die späteren Kett-
fäden in die Webfächer
eingelegt werden. Nach
neuen Erkenntnissen
wurden in einigen Fällen
die Kanten jedoch auch
nachträglich mithilfe loser
Kettfäden oder eigens einge-
zogener Fäden an den Rändern
angewebt. Besonders auffällige
und technisch anspruchsvolle Brettchengewebe der späten Hallstattzeit waren
zum Teil an den Stoff angenäht, technische Web-
kanten sind ebenfalls nachgewiesen.

Zur Herstellungsweise der Prachttücher konnten seit K. Schlabows Rekonstruktion eines Man-
tels aus dem Thorsberger Moor in den vierziger
Jahren des 20. Jh. viele neue Erkenntnisse gewonnen werden. Moderne Analysemethoden, Neu-
funde und die Experimentelle Archäologie haben
in den vergangenen Jahren zu einer Fülle oft über-
raschender Einsichten geführt.

Ein Prachtmantel entsteht

Im Sommer 2003 entstand mein erster Rekonstruktionsvorschlag: »Prachtmantel für die späte
Hallstattzeit«. Grundlage für die Gestaltung waren
die Funde aus dem »Fürstengrab« von Hochdorf.
Zunächst wurde das Wolltuch in einer Handwe-
berei rot-blau-kariert in Köperbindung angefertigt. Anschließend webte ich die gemusterten Brett-
chenwebkanten entsprechend dem frühkeltischen
Vorbild direkt an das Manteltuch an. Diese Technik habe ich mir eigens zur Rekonstruktion von
Prachtmänteln der römischen Kaiserzeit angeeig-
net.

Seit Ende 2003 sind für das »Projekt Hallstatt«
verschiedene Trachtausstattungen entstanden. Dazu war insbesondere eine umfassende Recherche zu
den publizierten Ergebnissen der Textilkunde und
Archäologie notwendig, schwerpunktmäßig ging
es um die Funde und Befunde aus Hochdorf, Hallstatt und dem Dürrnberg bei Hallein. Ebenso wichtig war es, die eigenen handwerklichen Fähigkeiten
zu verbessern, um die diffizilen Brettchenwebere-
ien originalgetreu nachbilden zu können.

Anders als oft üblich, konnte ich nicht auf bereits ausgearbeitete und publizierte Webanleitun-
gen zurückgreifen. Deshalb entschloss ich mich zu
folgendem Vorgehen: Anhand veröffentlichter Fotos und Umzeichnungen fertigte ich erst Vorskiz-
zen, dann so genannte Webbriefe und vor Beginn
der eigentlichen Anfertigung Muster an, um Material und Wirkung zu überprüfen. Diese Entwürfe und Proben ermöglichten es dann, Anferti-
gungszeiten hochzurechnen, ja sogar Prognosen
für die bei den Originalen benötigte Anfertigungs-
zeit zu wagen. Die ersten Ergebnisse konnte ich im
September 2005 im Rahmen eines Vortrags bei der
Tagung der EXAR, der Europäischen Vereinigung
zur Förderung der Experimentellen Archäologie,
vorstellen. Besonders überrascht hat bei den An-
fertigungen die Tatsache, dass durch effektives Arbeiten und ein umfassendes technisches Verständnis für die Musterbildung die Fertigungszeit zum
Teil gegenüber den Vorversuchen halbiert werden
konnte.

Ein Querschnitt der bisher angefertigten Tracht-
rekonstruktionen der späten Hallstattzeit ist noch
bis November 2006 in der Ausstellung »Bunte Tu-
che – Gleißendes Metall, Rekonstruktionen zum
Leben früher Kelten« im Heuneburg-Museum in
Hundersingen zu sehen. Die Ergebnisse der Erar-
beitung werden in einer Begleitpublikation veröf-
fentlicht.

Museen zum Anfassen

Einrichtungen mit »Living History« in Deutschland und Europa

VON GUNTER SCHÖBEL

DEUTSCHLAND

Albersdorf/Schleswig-Holstein: Archäologisch-Ökologisches Zentrum Albersdorf (AÖZA)

Das an der Westküste von Schleswig-Holstein gelegene Zentrum besitzt einen Steinzeitpark mit Haustieren, ein Steinzeitdorf mit rekonstruierten mittelneolithischen Häusern und ein Museum für Archäologie und Ökologie am Bahnhof Albersdorf. Unter dem Motto »Vom Maisacker zum Steinzeitwald« können Schulklassen, Vereine und Familien bei vielfältigen museumspädagogischen Angeboten wie Bogenbaukursen oder einer Steinzeitrallye einen attraktiven Erholungsraum erschließen – die ganz Kleinen auch im Rahmen eines Kindergeburtstages.

ARCHÄOLOGISCH-ÖKOLOGISCHES ZENTRUM ALBERSDORF (AÖZA)
Bahnhofstraße 23 • 25767 Albersdorf
Tel. 0 48 35/95 02 93 • www.aoeza.de

Keltisches Alltagsleben in der rekonstruierten Siedlung »Altburg« bei Bundenbach.

Bad Buchau/Baden-Württemberg: Federseemuseum

Zwölf Häuser und Hütten von der Jungsteinzeit bis in die Spätbronzezeit bilden mit einem Regionalmuseum und einer einzigartigen Landschaft einen tragfähigen Hintergrund für museumspädagogische Projekte, handlungsorientierte Aktionen und einen Rundgang durch die Geschichte der Moorbewohner vor 6000 oder 3000 Jahren. Ein reichhaltiges Programm zu Archäologie und Handwerk, begleitet von jährlichen Sonderausstellungen und Vorträgen, lädt zur Spurensuche ein.

ARCHÄOPARK FEDERSEE
Federseemuseum • August-Gröber-Platz • 88422 Bad Buchau
Tel. 0 75 82/83 50 • www.federseemuseum.de

Blaubeuren/Baden-Württemberg: Urgeschichtliches Museum

Am Rande der Schwäbischen Alb, in unmittelbarer Nähe zu den originalen paläolithischen Fundstellen gelegen, zeigt das Urgeschichtliche Museum 40 000 Jahre alte Kunst- und Alltagsgegen-

stände. Die Besucher können nicht nur in den vom Urgeschichtlichen Institut Tübingen betreuten Ausstellungsräumen, sondern etwa auch bei öffentlichen Führungen, Kinder- und Familienprogrammen oder Workshops unter fachkundiger Leitung mehr über den frühesten Abschnitt der Menschheitsgeschichte aus der Altsteinzeit und Höhlenzeit erfahren.

URGESCHICHTLICHES MUSEUM
Karlstraße 21 • 89143 Blaubeuren
Tel. 0 73 44/92 86-0 • www.urmu.de

Bliesbruck-Reinheim/Saarland: Europäischer Kulturpark

Der europäische Kulturpark Bliesbruck-Reinheim im deutsch-französischen Grenzgebiet ist grenzüberschreitend angelegt. Die vorrömische Eisenzeit spiegelt sich im Wiederaufbau der Grabkammer eines Fürstengrabes sowie zweier weiterer Grabhügel wider. Rekonstruktionen eines keltischen Hofes sowie zweier Vicus-Viertel bieten Möglichkeiten zu Vorführungen der Experimentellen Archäologie. Regelmäßig finden Besucherführungen und museumspädagogische Aktionen statt. Handwerkertage, Konzerte und spezielle Events, vor allem am Wochenende, machen den Park im Breitental der Blies für Jung und Alt attraktiv.

EUROPÄISCHER KULTURPARK BLIESBRUCK-REINHEIM
Robert-Schumann-Straße 2 • 66453 Gersheim-Reinheim
Tel. 0 68 43/90 02 11 • www.kulturpark-online.de

Bundenbach/Rheinland-Pfalz: Keltendorf

Die auf einem Bergsporn errichtete keltische Siedlung »Altburg«, ergraben vom Landesmuseum Trier, war Vorbild für die Rekonstruktion von zehn Fachwerkhäusern und Teilen der Dorfpalisade, die als Ensemble nach Anmeldung zu besuchen sind. Ein Highlight ist das jährliche »Folkfestival in der Keltensiedlung« im August, das sich großer Beliebtheit erfreut.

KONTAKT: ORTSGEMEINDEVERWALTUNG
55626 Bundenbach • Tel. 0 65 44/92 72

Eberdingen-Hochdorf/Baden-Württemberg: Keltenmuseum

Das Keltenmuseum Hochdorf in der Nähe des Fürstensitzes Hohenasperg, Lkr. Ludwigsburg, schließt für den Besucher auf einem Rundgang eine Teilrekonstruktion des Riesengrabhügels mit Fundmuseum und die Rekonstruktion eines keltischen Gehöftes mit ein. Vortragsreihen und Sonderausstellungen sowie ganz besonders das Keltenfest im Frühsommer begeistern Jung und Alt. Spezielle Kurse für Keramik-, Textil-, Holz- und Metallverarbeitung der Eisenzeit werden fortlaufend angeboten.

KELTENMUSEUM HOCHDORF
71735 Eberdingen-Hochdorf
Tel. 0 70 42/7 89 11 • www.keltenmuseum.de

Glauburg/Hessen: Archäologischer Park Glauberg

Ein kulturhistorischer Lehrpfad mit Beschreibung der archäologisch-historischen Details sowie naturkundlichen Besonderheiten, der rekonstruierte Grabhügel des Keltenfürsten und ein Museum erschließen das Thema der keltischen Totenwelten auf dem Glauberg. Der Archäologische Park befindet sich zurzeit noch im Aufbau. Die berühmte Fundstelle mit den mächtigen Ringwällen, der Prozessionsstraße und den Spuren keltischer Totenverehrung ist aber jetzt schon ein großartiges landschaftliches wie historisches Erlebnis.

KONTAKT: GEMEINDE GLAUBURG
Bahnhofstraße 34 • 63695 Glauburg
Tel. 0 60 41/8 26 80 oder 96 95 50 • www.glauberg.de

Herbertingen-Hundersingen/Baden-Württemberg: Heuneburg

Das Freilichtmuseum Keltischer Fürstensitz Heuneburg nimmt Bezug zum Archäologischen Erlebnispark Obere Donau und bietet die Gelegenheit, auf einem Rundweg sowohl die originalen Begräbnisstätten und Siedlungsreste als auch ein Museum mit den Originalfunden zu erleben. Im Freilichtmuseum, bestehend aus einem nachgebauten Stück der Lehmziegelmauer, einem Herrenhaus, Wohnhaus, Speicher und Werkstattgebäude, finden regelmäßig Workshops und Veranstaltungen zur Experimentellen Archäologie statt. Keltische Handwerkertage, Pflanzen- und Kräutertage und ein spezielles Angebot für Gruppen und Schulklassen sind buchbar. Sonderausstellungen und Festveranstaltungen umrahmen die Freiluftsaison.

GEMEINDE HERBERTINGEN
Ortsstraße 2 • 88518 Herbertingen-Hundersingen
Tel. 0 75 86/16 79 • www.heuneburg.de

Hitzacker/Niedersachsen: Archäologisches Zentrum Hitzacker

»Von der Ausgrabung zur Rekonstruktion« führt in Nordostniedersachsen seit 1990 der Weg des Besuchers, der dort drei bronzezeitliche Langhäuser, ein Grubenhaus, ein Flechtwerklabyrinth zur Sternenbeobachtung und einen Naturlehrpfad mit historischen Anbaupflanzen unter die Lupe nehmen kann. Anfassen, Mitmachen und Lernen durch Erleben stehen im Rahmen von Aktionsprogrammen und Führungen im Vordergrund. Der nahe gelegene Naturpark Elbufer-Drabehn ermöglicht eine weitere Entdeckungsreise. »Tage der Lebendigen Archäologie« laden wiederkehrend zum Besuchen und aktiv Mitmachen ein.

ARCHÄOLOGISCHES ZENTRUM HITZACKER
Am Hitzacker See • 29456 Hitzacker (Elbe)
Tel. 0 58 62/67 94 • www.archaeo-centrum.de

Kussow/Mecklenburg-Vorpommern: Steinzeitdorf Kussow

Die Jungsteinzeit und ihre Siedlungsform stehen hier in Mecklenburg-Vorpommern, wo ehemals mehr als tausend jungsteinzeitliche Megalithgräber standen, im Vordergrund. Lehmflechthütten und ein Garten für alte Getreidesorten laden ein. Der Besucher kann sich im Gebrauch steinzeitlicher Utensilien oder bei der Herstellung von Gebrauchsgegenständen üben.

STEINZEITDORF KUSSOW E.V.
Kussower Weg 9 • 23948 Kussow bei Grewesmüden
Tel. 0 38 81/71 50 55 • www.steinzeitdorf-kussow.de

Mettmann/Nordrhein-Westfalen: Neanderthal Museum

Neandertaler pur – das große Altsteinzeitmuseum am Fundort des weltberühmten Urmenschen informiert multimedial und mit modernster Didaktik. In der Steinzeitwerkstatt besteht daneben für Jugendliche und Schulklassen die Möglichkeit, durch »Begreifen« im wahrsten Sinne des Wortes Erfahrungen mit ursprünglichen Materialien zu machen. Workshops, Ferienveranstaltungen, Steinzeit-Geburtstage und Wochenendseminare runden die experimentalarchäologischen Erlebniswelten ab.

NEANDERTHAL MUSEUM
Talstraße 300 • 40822 Mettmann
Tel. 0 21 04/97 97 97 • www.neanderthal.de

Oerlinghausen/Nordrhein-Westfalen: Archäologisches Freilichtmuseum

In sechs großen Baugruppen vom eiszeitlichen Hüttenlager bis zur frühmittelalterlichen Hofanlage zeigt das Museum nordöstlich von Detmold Architekturgeschichte in rekonstruierter Form und prähistorischen Alltag. Versuchsgärten und Tiergehege, Seminare und Kurse bieten Archäologie-Freaks und Tagesausflüglern spannende Einblicke in das Leben und die Technik der Vorzeit. Im reichhaltigen Programm finden sich Römer- und Germanenfeste, Wikinger-Events und im experimentalarchäologischen Bereich Seminare zum Schmieden, Färben, Bronzeguss, Brotbacken, zur Knochenbearbeitung und Feuer- und Lichterzeugung. Das Freilichtmuseum für Westfalen-Lippe bietet als Highlights Kindergeburtstage im Museum und Übernachtungen im Stroh an.

ARCHÄOLOGISCHES FREILICHTMUSEUM OERLINGHAUSEN
Am Barkhauser Berg 2–6 • 33813 Oerlinghausen
Tel. 0 52 02/22 20 • www.afm-oerlinghausen.de

Otzenhausen/Saarland: Keltischer Ringwall

Unter der Überschrift »Tourismus und Bildung« soll auf der Grundlage der archäologischen Ergebnisse der Zusammenarbeit mit den Universitäten Karlsruhe und Hamburg sowie den örtlichen Verantwortlichen ein Keltenpark geschaffen werden, der bislang schon in digitaler Rekonstruktion als Entwurf zu bewundern ist. Vorführungen von keltischem Handwerk finden bereits seit Jahren regelmäßig statt.

KONTAKT: GEMEINDE NONNWEILER
Trierer Straße • 66620 Nonnweiler
Tel. 0 68 73/66 00
www.keltenring-otzenhausen.de • www.hochwaldkelten.de

Pestenacker/Bayern: Prähistorische Siedlung Pestenacker

Auf der Basis von Ausgrabungen entsteht im oberbayerischen Landreis Landsberg auf Betreiben des Vereins »Förderung des Verständnisses von Vor- und Frühgeschichte am Beispiel der prähistorischen Siedlung Pestenacker« in Kürze ein neues Freilichtmuseum zur Jungsteinzeit. Führungen nach Vereinbarung.

KONTAKT: MICHAEL BACHMEIR
Jahnstraße 6 • 86916 Kauferring
www.pestenacker-online.de

Ringelai/Bayern: Archäologischer Erlebnispark Gabreta

Auf dem Museumsgelände stehen acht Häuser nach Vorbildern von Ausgrabungen aus Regensburg und der Tschechischen Republik. Zum Angebot gehören Workshops zu Gießerei, Weben, Backen und Töpfern sowie Familientage, Aktionstage und Handwerkermärkte. Keltische Feste mit Livemusik vermitteln vor dem Hintergrund der rekonstruierten Häuser einen Eindruck längst vergangener Zeiten. Auch Erlebnisprogramme für Kinder werden angeboten.

KELTENDORF GABRETA
Lichtenau 1 • 94160 Ringelai
Tel. 0 85 55/40 73-0 • www.gabreta.de

Uhldingen-Mühlhofen/Baden-Württemberg: Pfahlbaumuseum Unteruhldingen

Im ältesten deutschen Freilichtmuseum der Steinzeit und der Bronzezeit wird die Vor- und Frühgeschichte des Bodenseeraums in unmittelbarer Nähe zu den originalen Pfahlbauten wieder lebendig. 20 nach Ausgrabungsbefunden rekonstruierte Häuser des Zeitraums 4000 bis 850 v. Chr. laden zu Führungen, museumspädagogischen Projekten, Aktionstagen und Lehrplan begleitenden Vorführungen ein. Über und am Wasser vermitteln geschulte Besucherführer in den Ausstellungsräumen mit den Originalfunden und den verschieden eingerichteten und inszenierten Pfahlbauhäusern Geschichte hautnah und lebendig. Sonderausstellungen und eine ständige Erweiterung der Dörfer und des Museumsgeländes stellen die Aktualität der archäologischen Präsentationen sicher.

PFAHLBAUMUSEUM UNTERUHLDINGEN
Freilichtmuseum und Forschungsinstitut
Strandpromenade 6 • 88690 Uhldingen-Mühlhofen
Tel. 0 75 56/85 43
www.pfahlbauten.de • www.pfahlbaucam.de

Westgreußen/Thüringen: Funkenburg

Wohn- und Arbeitshäuser, Speicherbauten, Backöfen sowie Befestigungsanlagen vermitteln die Zeit der alten Germanen, etwa von 200 v. Chr. bis 250 n. Chr. Die Anlage liegt im Inneren der dortigen Burg und wird mit einem jährlichen »Funkenburgfest« sowie regelmäßigen Angeboten für Schulklassen bespielt. Ferienfreizeiten und Seminare ergänzen die saisonalen Angebote.
ANMELDUNG: VEREIN FUNKENBURG WESTGREUSSEN E.V.
Hauptstraße 10 • 99718 Westgreußen
Tel. 0 36 36/70 46 16 • www.funkenburg-westgreussen.de

EUROPA

Belgien: Ramioul

Altsteinzeitliche Höhle von Ramioul (Grotte) und neolithisches Haus. Museum mit Freilichtgelände. Prähistorische Turniere (Speerschleuderwerfen, Bogenschießen). Veranstaltungen: Pädagogische Aktionen, z.B. »Mitarbeit« an einem Dolmengrab oder einem jungsteinzeitlichen Dorf. Projekte zum Töpfern, zur Schmuckherstellung oder Silexbearbeitung. • *www.ramioul.org*

Dänemark: Historisk-Arkaeologisk Forsøgscenter Lejre

Mehrere Gehöfte mit Häusern, Zelten und Werkstätten vom Mesolithikum bis ins 19. Jh. Darunter ein Eisenzeit-Dorf, ein Wikinger-Marktplatz und ein Gehöft der Zeit um 1850. Veranstaltungen: Programme für Schulen, Aktivitäten und Vorführungen für Besucher, teilbewohnte Häuser (»Living History«). • *www.lejrecenter.dk*

Dänemark: Hjemsted Oldtidspark

Rekonstruktion von drei Gehöften aus dem 1. bis 5. Jh. Zahlreiche Vorführungen und Aktivitäten, z.B. großer Pfingstmarkt mit Handwerksdemonstrationen (Stein-, Eisen-, Wikingerzeit und Mittelalter). Darstellung der frühzeitlichen Landwirtschaft und Viehhaltung. Veranstaltungen: Projekte für Schulklassen wie Wollespinnen, Weidenflechten, Brettchenweben. • *www.hjemsted.dk*

Frankreich: Samara

24 ha großes Gelände mit Nachbildungen von der Altsteinzeit (600 000 v. Chr.) bis in gallorömische Zeit. Darstellung des Alltagslebens anhand mehrerer nachgebildeter Wohnhäuser. Naturbereich mit Sumpfrundweg, botanischem Garten und Observatorium. Veranstaltungen: Prähistorische Feste sowie unterschiedliche Handwerksdarbietungen. • *www.samara.fr*

Frankreich: Parc Archéologique de Beynac

15 Häuser von der Jungsteinzeit bis in die Kaiserzeit. Veranstaltungen und Feste zu Handwerkstechniken und Themen wie prähistorische Musik und Ernährung.
http://perso.orange.fr/parc.beynac/parc.beynac.htm

Großbritannien: The Scottish Crannog Centre

Eisenzeitliche Siedlung. Veranstaltungen: »Hands on«-Aktivitäten für Besucher. Projekte für Schulen und Universitäten.
www.crannog.co.uk

Großbritannien: Butser Ancient Farm

Eisenzeitliches umwehrtes Dorf mit Rundhaus, Nebengebäuden und Tieren. Römisches Gebäude. Versuche zur Experimentellen Archäologie und zur Nutzung prähistorischer Materialien. Veranstaltungen: Areale für verschiedene Arbeitsbereiche wie Holzbearbeitung, Metalltechnologie und Keramikherstellung. »Hands-on«-Bereiche für Kinder. • *www.butser.org.uk*

Großbritannien: Flag Fen

Archäologischer Park mit Museum. Rekonstruktion mehrerer Rundhäuser aus der Bronze- und Eisenzeit. Nachbildung einer bronzezeitlichen Landschaft. Eine alte Schafrasse befindet sich auf dem Gelände. Veranstaltungen: Projekt für Schüler.
www.flagfen.com

Dänemark: Das Historisch-Archäologische Forschungszentrum Lejre zählt zu den bedeutendsten Anlagen dieser Art in Nordeuropa.

Italien: Antiquitates – Etruschi Vivi

Neun Häuser späte Bronzezeit bis frühe Eisenzeit. Pädagogische Veranstaltungen, Angebote für Universitäten. Etruskisches und römisches Handwerk. Verschiedene Werkbereiche mit technischen Einrichtungen wie Brennöfen, Schmelzöfen, Mühlwerken, Töpferscheiben, Webstühlen. Mehrtägiges Schulungslager für Schüler und Studenten. • www.antiquitates.it

Italien: Archeodromo

Freilichtanlage mit Museum am Eingang des Ortes Capo di Ponte im Val Camonica. Nachgebaute prähistorische Dörfer mit Rekonstruktionen vom Paläolithikum bis in die Eisenzeit. Es besteht die Möglichkeit, in Werkstätten Experimente für eine große Besucherzahl durchzuführen. • www.graffitipark.it

Italien: Archeoparc Schnals

Museum mit Freilichtmuseum und mehreren rekonstruierten jungsteinzeitlichen Häusern. Mitmach-Angebote zu Themen wie Bogenschießen, Töpfern, Gerben, Nähen von Leder, Wollefärben, Steinzeitküche. Seminare (z.B. Bogenbau, Lehmbau). Anbau verschiedener Getreidesorten in Steinzeitgarten. • www.archeoparc.it

Italien: Parco Archaeologico e Museo all'aperto della Terramara di Montale

Nachbildung zweier bronzezeitlicher Häuser der Terramare-Kultur innerhalb einer Graben-Wallanlage neben dem Ausgrabungsgelände. Veranstaltungen: Projekte für Schüler, Vorführungen, z.B. Bronzegießen, Keramikherstellung, Weben und Korbflechten. www.parcomontale.it

Lettland: Araisi Lake Fortress

Ein Steinzeit- und ein Bronzezeithaus. 16 Gebäude einer wikingerzeitlichen Wasserburg (9. Jh.). Veranstaltungen: Textiles Handwerk und Keramikherstellung. Jährliches Sommerfestival. www.muzeji.lv

Niederlande: Archeon

43 Gebäude von der Mittelsteinzeit bis 1350 n. Chr., darunter Wohnhäuser, Stall, Brunnen, Badehaus und Tempel. Veranstaltungen: Lebendige Vorführungen zum Alltagsleben einzelner Epochen. Darsteller in Trachten. »Reenactment«, Bogenschießen, Musik- und Gesangsdarbietungen. • www.archeon.nl

Niederlande: Historisch Openluchtmuseum Eindhoven

Zwei Gehöfte mit einer Schmiede und sechs sonstigen Gebäuden, darunter einem Webhaus aus der Eisenzeit, drei Steinhäuser, ein Handwerkerhaus und schiffsförmiges Haus (Mittelalter). Veranstaltungen: Handwerksvorführungen, Lebensmittelzubereitung wie Bierbrauen und Schülerprojekte. www.historisch-openluchtmuseum-eindhoven.nl

Österreich: Museum für Urgeschichte Asparn

Freilichtanlage mit Rekonstruktionen von der Altsteinzeit (600 000 v. Chr.) bis ins die Eisenzeit. Zelt altsteinzeitlicher Jäger (25 000 v. Chr.), Wohnhaus der Jungsteinzeit, Häuser der Eisenzeit mit Eisenschmiede und Versuchsfeldern. Veranstaltungen: Themen wie Feuerschlagen, Schülerprojekte. Übernachten im jungsteinzeitlichen Langhaus. Ein- bis mehrtägige Seminare/Workshops, jährliches Keltenfest. • www.urgeschichte.com

Schweden: Eketorp – Kalmar läns museum, Ringwallanlage.

Italien: Montale, Archäologischer Park,
Rekonstruktion der bronzezeitlichen Toranlage.

Österreich: Museum für Urgeschichte Asparn. Gefärbte Wolle,
zum Trocknen aufgehängt.

Österreich: Salzwelten Hallstatt

Blockhaus mit Pökelwanne als Teil einer Knappensiedlung der
Bronzezeit. Regionalmuseum im Ort. Spezialführungen im prähistorischen Gräberfeld und im Salzbergwerk möglich. Veranstaltungen: An speziellen Tagen Vorführungen. • www.salzwelten.at

Österreich: Schwarzenbach

Teilrekonstruktion eines Oppidums (2. bis 1. Jh. v. Chr.) innerhalb
einer Wallanlage. Nachbau von sieben Gebäuden aus der kelti-
schen Epoche, darunter ein Handwerkerhaus, ein Speicherbau, ein
Töpfer- und ein Backhaus. Jährlich dreitägiges Keltenfest mit
Workshops, Vorführungen, Musik und Kulinarischem (2006 Thema
»Eisen«). • www.schwarzenbach.gv.at • www.root.riskommunal.net

Österreich: Ötzidorf Umhausen

Spätneolithische Dorfanlage mit Brunnen, Keramikofen, Steinschlag-
platz, Bogenschießplatz, Steinkammergrab, Felsritzungen und einem
Teich mit Einbaum. Gehege mit Auerochsen, Wildpferden, Ziegen
und Waldschafen. Veranstaltungen: Projekte für Erwachsene (z. B.
Themen Bogenbau, Musik, Gerben), Kinder (z. B. Geburtstage)
und Familien sowie für Schulklassen. • www.oetzi-dorf.at

Polen: Archaeological Museum in Biskupin

Teilrekonstruktion der befestigten Siedlung (8. bis 6. Jh. v. Chr.):
Zwei Häuserreihen mit Straße, Palisade mit Tor und Wachturm,
außerdem Ställe, Back- und Brennöfen. Zahlreiche Rückzüchtun-
gen von Nutztieren und Pflanzen. Veranstaltungen: Handwerks-
darstellungen, Lebensmittelzubereitung, z. B. Fischräuchern. Intensive Arbeit mit Schulen, Vorführungen. Jährliches Biskupin-Festi-
val. • www.biskupin.pl

Schweden: Eketorp – Kalmar läns museum

Eisenzeitliche und mittelalterliche Häuser in einer Ringwallanlage.
Nachbildung eines Steinzeithauses. Veranstaltungen: »Leben wie
im Mittelalter«, diverse Angebote für Schulen. • www.eketorp.se

Tschechien: Centrum experimentální archeologie Všestary

Zehn Rekonstruktionen vom Neolithikum bis zur Eisenzeit, darunter Pfosten- und Grubenhäuser, Brunnen, Brennöfen und Grabhügel. Versuche zu Hausbau, Werkzeuggebrauch und Keramikherstellung, Webarbeiten. • www.exrea.net

Ungarn: Matrica Museum

Museum mit Archäologie-Park inmitten eines prähistorischen Grä-
berfeldes. Nachgebaut wurden sechs Häuser aus der Bronze- und
Eisenzeit, ferner technische Werkstätten zum Töpfern und Bronzegießen. Multimediashow in einem der prähistorischen Grabhügel.
Veranstaltungen: Handwerksvorführungen, Mitmachaktionen zu
prähistorischen Handwerken, »Familientage« im Sommer.
www.matricamuzeum.hu

Tschechien: Experimentalarchäologisches Zentrum Všestary.
Frei aus der Hand geformte Keramik.

Links zur Experimentellen Archäologie in Europa

University of Copenhagen	Kurse in Experimenteller Archäologie	*www.forhistoriskarkaeologi.ku.dk*	Dänemark
Exar	Europäische Vereinigung zur Förderung der Experimentellen Archäologie. Offen für alle, die sich für Experimentalarchäologie interessieren	*www.exar.org*	Europa gesamt
Exarc	Europäischer Austausch archäologischer Forschung und Kommunikation. Europaweites Netzwerk der Experimentalarchäologie, praxisnahe Freilichtzentren, Aktivitäten zur öffentlichen Archäologie. Unter anderem großes Literaturverzeichnis zur Experimentellen Archäologie: mehr als 5000 Titel aufgeführt, große Linksammlung	*www.exarc.eu*	Europa gesamt
Paléolab	Verein der »Freunde von Baux«. Konzentriert sich vor allem auf archäologische Ausbildung, nimmt aber auch Experimente bzgl. Hausbau, Feuerstein und Tierhäuten vor	*http://paleolab.free.fr*	Frankreich
Living History	Britisches Netzwerk zur »Living History«	*www.livinghistory.co.uk*	Groß-britannien
Pajauta, Eksperimentinės archeologijos klubas	EXARC-Mitglied. Die litauische Vereinigung zur Experimentellen Archäologie	*www.pajauta.puslapiai.lt*	Litauen
Vereniging voor Archeologische Experimenten en Educatie (VAEE)	Vereinigung der Experimentellen Archäologen der Niederlande (VAEE)	*www.vaee.net*	Niederlande
Werkgroep Experimentele Archeologie (WEA)/ Arbeitsgruppe Experimentelle Archäologie	Seit 1982 Teil des Niederländischen Jugendverbands für Geschichte (NJBG)	*www.njbg.nl*	Niederlande
Forntiden	Offizielle Website des schwedischen Netzwerks NSLF	*www.forntiden.nu*	Schweden
Institutet för forntida Teknik/ Institut für vorgeschichtliche Technik, Östersund	Bietet eine große Menge Online-Informationen wie auch Referenzen zu allen schwedischen Projekten im Netz	*www.forntidateknik.z.se*	Schweden
ExperimentA	Bronzeguss-Gruppe der AEAS/Universität Zürich	*www.experimentarch.ch*	Schweiz

Literatur

Zeitsprung in die Urgeschichte
(Erwin Keefer)

C. Ahrens, Wiederaufgebaute Vorzeit. Archäologische Freilichtmuseen in Europa, Neumünster 1990.

R. Ascher, Experimental Archaeology. American Anthropologist 63, 1961, 793–816.

R. Ascher/I. Cues, Design and Construction of an Experimental Archaeological Structure. American Antiquity 35, 1970, 215f.

J.J. Assendorp, Das Hitzacker-Projekt und die Archäologie. Berichte zur Denkmalpflege in Niedersachsen, 4/89, 1989, 183–191.

J. Benecke, Die Steinzeitbauten auf der Mettnau. Das neue Freilichtmuseum des Reichsbundes für Deutsche Vorzeit. Germanenerbe 1938, 245–252.

A.W. Biermann (Hrsg.), Neue Strukturen für Museen?, Pulheim 1993.

L.R. Binford, Die Vorzeit war ganz anders – Methoden und Ergebnisse der neuen Archäologie, München 1984.

S.R. Binford/L.R. Binford, New Perspectives in Archaeology, Chicago 1968.

D.L. Clarke, Analytical Archaeology, London 1968.

J.M. Coles, Experimental Archaeology, London 1979.

J.M. Coles, Erlebte Steinzeit – Experimentelle Archäologie, München 1976.

J.M. Coles, Archaeology by Experiment, London 1973.

C. Curwen, Prehistoric Flint Sickles, Antiquity 4, 1930.

H. Drescher, Der Überfangguss. Ein Beitrag zur vorgeschichtlichen Metalltechnik, Mainz 1958.

H. Drescher, Die Herstellung von Fibelspiralen. Germania 33, 1955, 340–349.

M.K.H. Eggert, Archäologie. Grundzüge einer Historischen Wissenschaft, Tübingen 2006.

M.K.H. Eggert, Prähistorische Archäologie. Konzepte und Methoden, Tübingen 2000.

M. Fansa (Hrsg.), Experimentelle Archäologie und Museumspädagogik. Arch. Mitt. Nordwestdeutschland, Beiheft 29, Oldenburg 2000.

M. Fansa (Red.), Experimentelle Archäologie in Deutschland. Begleitschrift zur Ausstellung Oldenburg. Arch. Mitt. Nordwestdeutschland, Beiheft 4, Oldenburg 1990.

F.M. Feldhaus, Die Technik der Vorzeit, der geschichtlichen Zeit und der Naturvölker, Leipzig 1914.

R. Feustel, Technik der Steinzeit, Weimar 1973.

R.J. Forbes, Studies in Ancient Technology, Leiden 1955–1964.

S. Fröhlich (Hrsg.), Workshop »Bronzemetallurgie« in Halle (Saale) vom 2. bis 5. Mai 1996, Halle 2001.

I. Fuhrmann, Zum Moorgewand von Reepsholt, PZ 32/33, 339–365.

J.A. Graham/R.F. Heizer/T.R. Hester, A Bibliography of Replicative Experiments in Archaeology, Univ. of California 1972.

H. Härke, Archaeology, Ideology and Society. The German Experience, Frankfurt 2000.

J. Hahn, Erkennen und Bestimmen von Stein- und Knochenartefakten. Archaeologica Venatoria 13, Tübingen 1991.

H. Hahne, Das Steinzeithaus zu Rössen, Halle ca. 1919.

F. Hampl/H. Windl, Das Museum für Urgeschichte des Landes Niederösterreich mit urgeschichtlichem Freilichtmuseum in Asparn an der Zaya, Wien 1985.

H.O. Hansen, The Usefulness of a Permanent Experimental Centre? In: O. Crumlin-Pedersen/M. Vinner, Sailing into the Past. Proceed. of the Internat. Seminar on Replicas of Ancient and Medieval Vessels, Roskilde 1986, 18–25.

H.O. Hansen, Lejre Versuchscenter. Versuche mit der Vorzeit 1, Lejre 1985.

H.O. Hansen, The Prehistoric Village at Lejre, Lejre 1977.

Th. Heyerdahl, Early Man and the Ocean, London 1978.

F. Hjerl-Hansen (Red.), Hjerl Hede, Fredningen og frilandsmuseet ved Flynderso, Hjerl Hede 1980.

I. Hodder (Hrsg), Interpreting Archaeology, London 1995.

I. Hodder/G. Isaac/N. Hammond (Hrsg.), Pattern of the Past (Studies in Honour of David Clark), Cambridge 1981.

C. Holtorf, From Stonehenge to Las Vegas: Archaeology as Popular Culture, Lanham 2005.

W. Hülle, Nordischer wissenschaftlicher Kongress »Haus und Hof«, Lübeck, 2.–5. Juli 1936. Germanenerbe 1936, 89–92.

H. J. Jensen, Flint Tools and Plant Working. Hidden Traces of Stone Age Technology, Aarhus University Press 1994.

E. Keefer, Von der Wunderkammer ans Lagerfeuer – zum Thema der Tagung. Museumsblatt, Mitteilungen aus dem Museumswesen Baden-Württembergs 38, 2005, 4–6.

E. Keefer (Hrsg.), Die Suche nach der Vergangenheit – 120 Jahre Archäologie am Federsee, Stuttgart 1992.

F. Keller, Durchbohrungen der Steinbeile, der Hirschhornwerkzeuge und anderer Geräthe aus den Pfahlbauten. Anz. f. Schw. Altertumskunde 2, 1870, 139–144.

R. Kelm (Hrsg.), Vom Pfostenloch zum Steinzeithaus – Archäologische Forschung und Rekonstruktion jungsteinzeitlicher Haus- und Siedlungsbefunde im nordwestlichen Mitteleuropa, Heide 2000.

R. Kelm (Hrsg), Zurück zur Steinzeitlandschaft. Albersdorfer Forschungen zur Arch. und Umweltgesch. 2, Heide 2001.

H. J. Klein, Der gläserne Besucher. Publikumsstrukturen einer Museumslandschaft, Berlin 1990.

G. Kossinna, Die Herkunft der Germanen. Zur Methode der Siedlungsarchäologie, Mannus-Bibliothek 6, 1911.

J. Lechler, 5000 Jahre Deutschland. Germanisches Leben in 700 Bildern, Leipzig 1937.

A. Leube (Hrsg.), Prähistorie und Nationalsozialismus. Die mittel- und osteuropäische Ur- und Frühgeschichtsforschung in den Jahren 1933–1945. Studien zur Wissenschafts- und Forschungsgeschichte 2, Heidelberg 2002.

J. Lüning, Steinzeitliche Bauern in Deutschland. Die Landwirtschaft im Neolithikum. Universitätsforschungen zur Prähistorischen Archäologie 58, Bonn 2000.

J. Lüning, Versuchsgelände Kinzweiler. Bonner Jahrbuch 181, 1981, 264–285.

J. Lüning, Das Experiment im Michelsberger Erdwerk in Mayen. Arch. Korrbl. 4, 1974, 125–131.

J. Lüning/J. Meurers-Balke, Experimenteller Getreidebau im Hambacher Forst, Gemeinde Elsdorf, Kr. Bergheim/Rheinland. Bonner Jahrbuch 180, 1980, 305–344.

H. Luley, Urgeschichtlicher Hausbau in Mitteleuropa. Grundlagenforschung, Umweltbedingungen und bautechnische Rekonstruktionen, Bonn 1992.

H. Luley, Zelt, Hütte und Haus in der Steinzeit. Schriften des Archäologischen Freilichtmuseums Oerlinghausen Nr. 1, Detmold (o. J.).

J. Meurers-Balke/J. Lüning, Experimente zur frühen Landwirtschaft. Ein Überblick über die Kölner Versuche in den Jahren 1978–1986. In: M. Fansa (Red.), Experimentelle Archäologie in Deutschland (s. d.), 82–92.

J. Meurers-Balke/J. Lüning, Experimente zur Verarbeitung von Spelzgetreiden. In: M. Fansa (Red.), Experimentelle Archäologie in Deutschland (s. d.), 93–112.

Museumsverband Baden-Württemberg (Hrsg.), Tagung: Von der Wunderkammer ans Lagerfeuer. Museumsblatt, Mitteilungen aus dem Museumswesen Baden-Württembergs 38, 2005, 3–30.

P. Noelke, Archäologische Museen und Stätten der römischen Antike – Auf dem Weg vom Schatzhaus zum Erlebnispark und virtuellen Informationszentrum?, Köln 2001.

E. Nuissl/U. Paatsch/C. Schulze (Hrsg.), Wege zum lebendigen Museum, Heidelberg 1987.

P. Pétrequin/A.-M. Pétrequin, Écologie d'un outil: la hache de pierre en Irian Jaya (Indonésie). Monographies du Centre de Recherche Archéologique 12, Paris 1993.

L. Pfeiffer, Die steinzeitliche Technik und ihre Beziehungen zur Gegenwart, Jena 1912.

A. H. Pitt-Rivers, Excavations in Cranborne Chase I, 1887, IV 1898.

Regierungspräsidium Stuttgart (Hrsg.), Zu den Wurzeln europäischer Kulturlandschaft – Experimentelle Forschungen. Wissenschaftliche Tagung Schöntal 2002 – Tagungsband. Materialhefte z. Archäologie BW 7, Stuttgart 2005.

H. Reinerth, 50 Jahre Pfahlbauten im Freilichtmuseum Deutscher Vorzeit am Bodensee, Überlingen 1973.

P. J. Reynolds, Iron-Age Farm. The Butser Experiment, London 1979.

M. Rösch, Anbauversuche in Hohenlohe – Fragestellung, wissenschaftlicher Ansatz. In: Regierungspräsidium Stuttgart (Hrsg.), Zu den Wurzeln europ. Kulturlandschaft (s.d.), Stuttgart 2005, 67–82.

A. Scheer, Eiszeitwerkstatt. Experimentelle Archäologie. Museumsheft 2, Blaubeuren 1995.

K. Schlabow, Germanische Tuchmacher der Bronzezeit, Neumünster 1935.

K. Schlabow, Gewebe und Gewand der Bronzezeit, Neumünster 1962.

H. Schmidt, Archäologische Denkmäler in Deutschland. Rekonstruiert und wieder aufgebaut. AiD-Sonderheft 2000, Stuttgart 2000.

M. Schmidt, Früher war alles besser – Auch die Zukunft! Arch. Inf. 23/2, 2000, 219–224.

M. Schmidt, Die Rolle der musealen Vermittlung in der nationalsozialistischen Bildungspolitik. Die Freilichtmuseen deutscher Vorzeit am Beispiel von Oerlinghausen. In: Härke (s.d.), 147–159.

M. Schmidt, Archäologie und deutsche Öffentlichkeit. Arch. Inf. 17/1, 1994, 15–24.

M. Schmidt, Entwicklung und Status quo der Experimentellen Archäologie. Das Altertum 39, 1993, 9–22.

G. Schöbel (Hrsg.), Archäologische Freilichtmuseen in Europa. Schriftenreihe des Pfahlbaumuseums Unteruhldingen, Band 5. Unteruhldingen 2002.

F. Seeberger, Steinzeit selbst erleben! Waffen, Schmuck und Instrumente – nachgebaut und ausprobiert, Stuttgart 2002.

N. Sehested/B. Frederik, Archaeologiske Undersøgelser 1878–1881, Kopenhagen 1884.

S. A. Semenov, Prehistoric Technology, London 1964.

A. Steensberg, Draved. An Experiment in Stone Age Agriculture. Burning, Sowing, Harvesting, Copenhagen 1979.

U. Stodiek, Mit dem Pfeil, dem Bogen. Technik der steinzeitlichen Jagd. Arch. Mitt. Nordwestdeutschland, Beiheft 16, Oldenburg 1996.

U. Stodiek, Zur Technologie der jungpaläolithischen Speerschleuder. Eine Studie auf der Basis archäologischer, ethnologischer und experimenteller Erkenntnisse. Tübinger Monogr. z. Urgesch., Bd. 9, Tübingen 1993.

R. Ströbel, Ein germanischer Hof um die Zeitenwende, wiederhergestellt in Oerlinghausen im Teutoburger Wald. Germanenerbe 1936, 50–53.

R. Tichý/O. Tikovský, Experimental Archaeology in Czechia at the Turn of the Millennium. Experimentelle Archäologie in Europa – Bilanz 2002, 1, Oldenburg 2002.

S. Wolfram, Zur Theoriediskussion in der prähistorischen Archäologie Großbritanniens: Ein forschungsgeschichtlicher Überblick über die Jahre 1968–1982, BAR Int. Ser. 306, 1986.

A. Zimmer, Museen zwischen Markt und Staat, Frankfurt/M. 1996.

W. H. Zimmermann, Hof und Siedlungsstruktur auf der Geest vom Neolithikum bis in das Mittelalter. In: H.-E. Dannenberg/H.-L. Schulze (Hrsg.), Geschichte des Landes zwischen Elbe und Weser, Bd. 1, Vor- und Frühgeschichte, Stade 1995, 251–288.

Die Dechsel – ein steinzeitliches Gerät (Jürgen Weiner)

B. Brentjes, Der Schuhleistenkeil – Pflugschar oder Holzbearbeitungsgerät? Germania 34, 1956, 144–147.

B. Brentjes, Zur Frage des Verwendungszweckes der neolithischen Setzkeile. Beiträge zur Frühgeschichte der Landwirtschaft 2, 1955, 113–119.

E. Hennig, Bericht über die praktischen Versuche zur funktionellen Deutung der neolithischen Steingeräte. Arch. Rozhledy 17, 1964, 682–702.

E. Hennig, Neue Untersuchungen über den Verwendungszweck der neolithischen Flachhacken. Forschungen und Fortschritte 36, 1962, 269–272.

E. Hennig, Untersuchungen über den Verwendungszweck urgeschichtlicher Schuhleistenkeile. Alt-Thüringen 6, 1961, 189–222.

E. Hennig, Untersuchungen über den Verwendungszweck neolithischer Schuhleistenkeile. Unveröff. Diplomarbeit, Jena 1959.

P. Quente, Steinzeitliche Ackerbaugeräte aus der Ostprignitz, Erdhacken und Pflüge und ihre Schäftungsmöglichkeit. Prähistorische Zeitschrift 6, 1914, 180–187.

A. Rieth, Geschliffene bandkeramische Steingeräte zur Holzbearbeitung. Prähistorische Zeitschrift 34, 1949/50, 230–232.

J. Weiner/A. Pawlik, Neues zu einer alten Frage. Beobachtungen und Überlegungen zur Befestigung altneolithischer Dechselklingen und zur Rekonstruktion bandkeramischer Querbeilholme. Experimentelle Archäologie, Bilanz 1994, Oldenburg 1995, 111–144.

Haare, Hüte, Hosenanzüge (Jens Lüning)

Chr. Frirdich, Struktur und Dynamik der bandkeramischen Landnahme. In: J. Lüning/Chr. Frirdich/A. Zimmermann (Hrsg.), Die Bandkeramik im 21. Jahrhundert. Symposium Brauweiler 2002, Rahden/Westfalen 2005, 81–109.

J. Lüning, Missionare aus dem Osten bekehren und belehren. Archäologie in Deutschland 3/2006, 28–31.

J. Lüning (Hrsg.), Die Bandkeramiker. Erste Steinzeitbauern in Deutschland. Bilder einer Ausstellung beim Hessentag in Heppenheim/Bergstraße im Juni 2004, Rahden/Westfalen 2005.

J. Lüning, Bandkeramische Hofplätze und absolute Chronologie der Bandkeramik. In: J. Lüning/Chr. Frirdich/A. Zimmermann (Hrsg.), Die Bandkeramik im 21. Jahrhundert (s. d.) 49–74.

J. Petrasch, Religion der Jungsteinzeit. Glaube, der die Gemeinschaft zusammenhält. In: W. Menghin/D. Planck (Hrsg.), Menschen, Zeiten, Räume. Archäologie in Deutschland. Begleitband zur Ausstellung Berlin und Bonn 2002–2003, Berlin – Stuttgart 2002, 142–145.

Link: www.bandkeramiker.de.

Fünf Pfahlbauten im Bodensee (Gunter Schöbel)

C. Ahrens, Wiederaufgebaute Vorzeit, Archäologische Freilichtmuseen in Europa, Neumünster 1990.

B. Arnold, Cortaillod-Est et les villages du Lac de Neuchâtel au Bronze final. Structure de l'habitat et proto-urbanisme. Archéologie neuchâteloise 6, Saint-Blaise 1990.

F.E. Barth/A. Cardarelli/W. Lobisser/G. Schöbel, Il Progetto »archaeolive«: Parchi archeologici della protostoria europea. In: P. Bellintani/L. Moser (Hrsg.), Archeologie Sperimentali. Parchi archeologici della Protostoria europea. Metodologie ed esperienze fra verifica, riproduzione, communicazione e simulazione. Atti del Convegno Comano Terme – Fiavè, 13–15 settembre 2001, Trient 2003, 129–144.

M. Baumhauer, Machten die Pfahlbauer schon blau? Plattform. Zeitschrift des Vereins für Pfahlbau- und Heimatkunde e.V., 11/12, 2002/03, Markdorf 2005, 79–91.

A. Billamboz/G. Schöbel, Dendrochronologische Untersuchungen in den spätbronzezeitlichen Pfahlbausiedlungen am nördlichen Ufer des Bodensees. Siedlungsarchäologie im Alpenvorland IV, Stuttgart 1996, 203–221.

F. Both/D. Vorlauf, Experimentelle Archäologie in Europa. Ausgewählte Beiträge zur experimentellen Archäologie in Europa von 1990 bis 2003, Sonderband 1, Oldenburg 2005.

J. Douglass, Kleider machen Leute.. Rekonstruktion spätbronzezeitlicher Bekleidung in der neuen Abteilung des Pfahlbaumuseums. Plattform, Zeitschrift des Vereins für Pfahlbau- und Heimatkunde e.V., 11/12, 2002/03, Markdorf 2005, 66–77.

B. Eberschweiler, Bronzezeitliches Schwemmgut vom Chollerpark in Steinhausen, Kanton Zug. Antiqua 37, Rotkreuz 2004.

G. Embleton, Lebendige Bronzezeit. Das Projekt »Archeolive« aus Sicht des Künstlers Gerry Embleton. Plattform, Zeitschrift des Vereins für Pfahlbau- und Heimatkunde e.V., 11/12, 2002/03, Markdorf 2005, 37–45.

E. Keefer/R. Baumeister/K. Banghard/H. Schlichtherle, Urgeschichte erleben. Führer zum Federseemuseum mit archäologischem Freigelände und Moorlehrpfad. Stadt Bad Buchau, Federseemuseum Bad Buchau, Stuttgart 2000.

W. Kimmig, Die »Wasserburg Buchau« – Eine spätbronzezeitliche Siedlung, Stuttgart 1992.

U. Leuzinger, Experimental and Applied Archaeology in Lake-Dwelling Research. In: F. Menotti (Hrsg.), Living on the Lake in Prehistoric Europe – 150 Years of Lake-Dwelling Research, London – New York 2004, 237–250.

A. Pomper/R. Redies/A. Wais, Archäologie erleben. Ausflüge zu Eiszeitjägern, Römerlagern und Slavenburgen, Stuttgart 2004.

H. Reinerth, Die Wasserburg Buchau. Das Federseemoor als Siedlungsland des Vorzeitmenschen, Leipzig 1936.

U. Ruoff, Leben im Pfahlbau, Solothurn 1991.

H. Schlichtherle, Häuser und Siedlungen der Bronzezeit. In: Archäologisches Landesmuseum Baden-Württemberg (Hrsg.), Goldene Jahrhunderte: Die Bronzezeit in Südwestdeutschland, Stuttgart 1997, 54–62.

H. Schlichtherle/B. Wahlster, Archäologie in Seen und Mooren: Den Pfahlbauten auf der Spur, Stuttgart 1986.

G. Schöbel, Geschichte der Ausstellungskonzepte im Pfahlbaumuseum Unteruhldingen am Bodensee. In: Ph. Della Casa/M. Trachsel (Hrsg.), WES 04 – Wetland Economies and Societies. Proceedings of the International Conference in Zurich, March 10–13 2004, Zürich 2005, 283–296.

G. Schöbel, On the Responsibility of Accurately Interpreting Prehistoric Life in Full Scale. EuroREA 1/2004, Litomysl/CZ, 2005, 150–160.

G. Schöbel, Fünf neue Häuser im Pfahlbaumuseum. Plattform. Zeitschrift des Vereins für Pfahlbau- und Heimatkunde e.V., 11/12, 2002/03, Markdorf 2005, 4–35.

G. Schöbel, Lake-Dwelling Museums, Academic Research and Public Information. In: F. Menotti (Hrsg.), Living on the Lake in Prehistoric Europe – 150 Years of Lake-Dwelling Research, London – New York 2004, 221–236.

G. Schöbel, Die spätbronzezeitliche Ufersiedlung »Wasserburg Buchau«, Kreis Biberach. In: Bayerische Gesellschaft für Unterwasserarchäologie in Verbindung mit der Kommission für Unterwasserarchäologie im Verband der Landesarchäologen der Bundesrepublik Deutschland (Hrsg.), Inseln in der Archäologie. Archäologie unter Wasser 3. Internationaler Kongress, Starnberg 1998, Freiburg i.Br. 2000, 85–106.

G. Schöbel, Pfahlbaumuseen und Pfahlbausammlungen. In: H. Schlichtherle (Hrsg.), Pfahlbauten rund um die Alpen, Stuttgart 1997, 115–123.

G. Schöbel, Die Spätbronzezeit am nordwestlichen Bodensee: Taucharchäologische Untersuchungen in Hagnau und Unteruhldingen 1982–1989. In: Landesdenkmalamt Baden-Württemberg (Hrsg.), Siedlungsarchäologie im Alpenvorland IV, Stuttgart 1996.

E. Stephan/J. Kawerk/P. Walter, Ein tierisches Vergnügen. Plattform. Zeitschrift des Vereins für Pfahlbau- und Heimatkunde e.V., 11/12, 2002/03, Markdorf 2005, 93–99.

P. Walter, Zauberhut und Eberzahn. Plattform, Zeitschrift des Vereins für Pfahlbau- und Heimatkunde e.V., 11/12, 2002/03, Markdorf 2005, 47–65.

C. Weiss, Das Gedächtnis der Zukunft – Museen in unser Zeit. Museumskunde 68/2, 2003, 12–16.

Echt keltisch?
(Jörg Bofinger und Thomas Hoppe)

W.B. Griffith, Re-enactment as Research: Towards a Set of Guidelines for Re-enactors and Academics. Journal of Roman Military Equipment Studies (JRMES) 11, 2000, 135–139.

B. Kull, »Heute sind wir halt wieder im Häs ...«, Museumspädagogik, Openair und Interpretatoren – ein neues Berufsbild für die archäologische Öffentlichkeitsarbeit? Denkmalpflege und Kulturgeschichte 2, 2002, 39–43.

A. Willmy, Die CARNYX-Kelten – Wissenschaftlicher Anspruch und Freizeiterlebnis in einem. Museumsblatt, Mitteilungen aus dem Museumswesen Baden-Württembergs 38, 2005, 17–19.

Links Deutschland: www.keltentruppe.de
www.hochwaldkelten.de (»Treveri Primaniani«, Otzenhausen)
http://hdgm.de (»Historische Darstellungsgruppe München«)
www.taranis-kelten.de (»Taranis«, Reinheim)
www.hallstattzeit.de (Stefan Jaroschinski)

Links International: www.pax-celtica.com
www.ambiani.celtique.org (»Les Ambiani«)
www.aremorica.com (»Aremorica«)
http://lesgauloisdesse.free.fr (»Les Gaulois d'Esse«)

Ein bisschen Zeit für Eisen
(Guntram Gassmann)

P. Andrieux, Vers une approchetechnique et pratique d'un outil métallurgique ancien: Des bas fourneaux de l'Age du fer à l'atelier de reduction du Livre 9 du »De Re Metallica«. I. International Conference of Paleosiderurgy and Industrial Heritage Recovery. Iron, History and Heritage, Donostia 2005, 237–278.

P. Crew, The Experimental Production of Prehistoric Bar Iron. History of Metallography 25/1, 1991, 21–36.

P. Crew/C. Salter, Comparative Data from Iron Smelting and Smithing Experiments. From Bloom to Knife, 1991, 15–22.

G. Gassmann/G. Wieland, Frühkeltische Eisenproduktion im Nordschwarzwald – Rennöfen des 5. Jahrhunderts v.Chr. bei Neuenbürg-Waldrennach, Enzkreis. Archäologische Ausgrabungen in Baden-Württemberg 2004, Stuttgart 2005, 102–107.

J.W. Gilles, Versuchsschmelze in einem vorgeschichtlichen Rennofen. Stahl und Eisen 78, 1958, 1690–1695.

D. Horstmann, Das Zustandsschaubild Eisen-Kohlenstoff und die Grundlagen der Wärmebehandlung der Eisen-Kohlenstoff-Legierungen, Düsseldorf 1985.

R. Leineweber, Rekonstruktionen und archäologische Experimente nach Grabungsbefunden in der Langobardenwerkstatt Zethlingen. Das Altertum 39, 1993, 29–78.

B. Lychatz/D. Janke, Experimentelle Simulation der frühen Eisenverhüttung. Arbeits- und Forschungsberichte der Sächsischen Bodendenkmalpflege 42, 2000, 287–306.

F. Nikulka, Frühe Eisenverhüttung und ihr experimenteller Nachvollzug. Analyse bisheriger Versuche. Experimentelle Archäologie, 1995, 257–320.

R. Pleiner, Bemerkungen zu einigen Schmelzversuchen in frühmittelalterlichen Rennöfen in der Tschechoslowakei. Experimentelle Archäologie, 1992, 323–329.

H. Straube, Ferrum Noricum und die Stadt auf dem Magdalensberg, Wien – New York 1996

C. Schürmann, Die Reduktion des Eisens im Rennfeuer. Stahl und Eisen 78, 1958, 1297–1308.

Autoren und Herausgeber

Dr. **Erwin Keefer** ist Archäologe am Landesmuseum Württemberg im Stuttgarter Alten Schloss. Seine Tätigkeit versteht er als ständigen Dialog zwischen Wissenschaft und Publikum. Somit gehört die Beschäftigung mit der »Lebendigen Archäologie« zu seinen grundlegenden Interessen. Insbesondere die von ihm verantwortete Neugestaltung des Federseemuseums Bad Buchau samt Planung des dortigen Freigeländes führten ihn zur vertiefenden Auseinandersetzung mit dem Thema.

Bastian Asmus MSc, Bronzegießergeselle und Archäologe, arbeitet seit 1992 im Bereich der Kupfermetallurgie. Seine Rekonstruktionen werden in zahlreichen archäologischen Museen und bei Projekten verwendet. Daneben ist Asmus im Bereich der Experimentellen Archäologie tätig. Zurzeit promoviert er über hochmittelalterliche Kupfer- und Silberverhüttung im Harz.

Dr. **Jörg Bofinger** studierte Vor- und Frühgeschichte in Tübingen und Aix-en-Provence. Von April 2004 bis März 2006 war er wissenschaftlicher Grabungsleiter des Projekts »Heuneburg Vorburg« im DFG-Schwerpunktprogramm »Frühkeltische Fürstensitze«. Seit April 2006 ist er Referent für Schwerpunktgrabungen beim Landesamt für Denkmalpflege Baden-Württemberg, Regierungspräsidium Stuttgart. Bofinger gehört seit deren Gründung im Jahr 1999 der Keltengruppe CARNYX an.

Sylvia Crumbach, kaufmännisch-technische Angestellte im Glaserhandwerk, arbeitet seit 1999 mit Museen im In- und Ausland für den Bereich Präsentation und Rekonstruktion früher Textilien zusammen, u. a. mit dem Archäologischen Freilichtmuseum Oerlinghausen, dem Wallmuseum Oldenburg und dem Niederösterreichischen Landesmuseum Asparn/Zaya. Artikel zur Rekonstruktion eisenzeitlicher Gewebe erschienen als Online-Veröffentlichungen. Vortrag bei der EXAR-Tagung 2005.

Dr. **Guntram Gassmann** studierte in Freiburg Geologie und Ur- und Frühgeschichte. Abschluss mit Promotion zur Montangeschichte des südbadischen Eisenerzbergbaus. 1994 bis 1999 Anstellung beim Landesdenkmalamt Baden-Württemberg zur Erforschung der keltischen Eisenerzverhüttung in Südwestdeutschland. Danach Gründung der Firma ARGUS: freiberufliche Auftragsarbeiten im In- und Ausland, auch in Zusammenarbeit mit dem Deutschen Bergbau-Museum Bochum. Geowissenschaftliche und archäologische Untersuchungen.

Wulf Hein arbeitet seit fast zwei Jahrzehnten im Bereich Archäotechnik und Experimentelle Archäologie. Er war am Bau mehrerer Freilichtanlagen und an vielen Film- und Fernsehproduktionen zum Thema Ur- und Frühgeschichte beteiligt. Seine Rekonstruktionen werden von zahlreichen Museen gezeigt.

Thomas Hoppe M.A. studierte Vor- und Frühgeschichte, Urgeschichte, Klassische Archäologie und Geologie in Tübingen und Erlangen. Seit 1995 Mitarbeit in archäologischen Forschungsprojekten im In- und Ausland mit den Schwerpunkten Vorrömische Eisenzeit und Römische Kaiserzeit. Seit August 2004 für das Landesmuseum Württemberg im Referat Metallzeiten tätig (z. B. Sonderausstellung »Kelten digital«). Mitglied der Keltengruppe CARNYX seit ihrer Gründung 1999.

Prof. em. Dr. **Jens Lüning** ist emeritierter Professor für Vor- und Frühgeschichte der Universität Frankfurt am Main. Er hat viele Ausgrabungen zum Neolithikum Europas durchgeführt und sich besonders mit Siedlungsarchäologie und Umweltforschung beschäftigt. Schwerpunkte seiner Forschungen sind die bandkeramische Kultur und die Geschichte der neolithischen Landwirtschaft.

Dr. **Gunter Schöbel,** ur-und frühgeschichtlicher Archäologe, leitet seit 1990 das Pfahlbaumuseum Unteruhldingen am Bodensee. Als gelernter Taucharchäologe mit Schwerpunkt auf den stein- und bronzezeitlichen Ufersiedlungen setzt er sich aktuell mit der Geschichte der Forschung, besucherorientierten Ausstellungskonzepten und der Entwicklung europäischer Netzwerke innerhalb der »Living History«-Museen auseinander.

Cornelia Szelényi M. A. studierte Kunstgeschichte und Allgemeine Rhetorik an der Universität Tübingen. Die Kunsthistorikerin arbeitet als Freie Journalistin, ihre Artikel zur Kunst- und Kulturgeschichte in Baden-Württemberg sind u. a. im Staatsanzeiger für Baden-Württemberg/»bw-Woche« sowie im Schwäbischen Tagblatt erschienen.

Jürgen Weiner M.A. studierte Ur- und Frühgeschichte, Geologie und Völkerkunde an der Universität zu Köln. Seit 1984 ist er Mitarbeiter des Rheinischen Amtes für Bodendenkmalpflege Bonn, seit 1988 Fachreferent für Steinzeit in der Außenstelle Nideggen des Amtes. Seine Forschungsschwerpunkte sind Neolithikum, urgeschichtlicher Bergbau, steinzeitliche Technologie (besonders Stein- und Holzbearbeitung, Birkenpech), Experimentelle Archäologie sowie Feuererzeugung von der Steinzeit bis heute.

Bildnachweis

 **50 JAHRE THEISS**

Expedition Vergangenheit

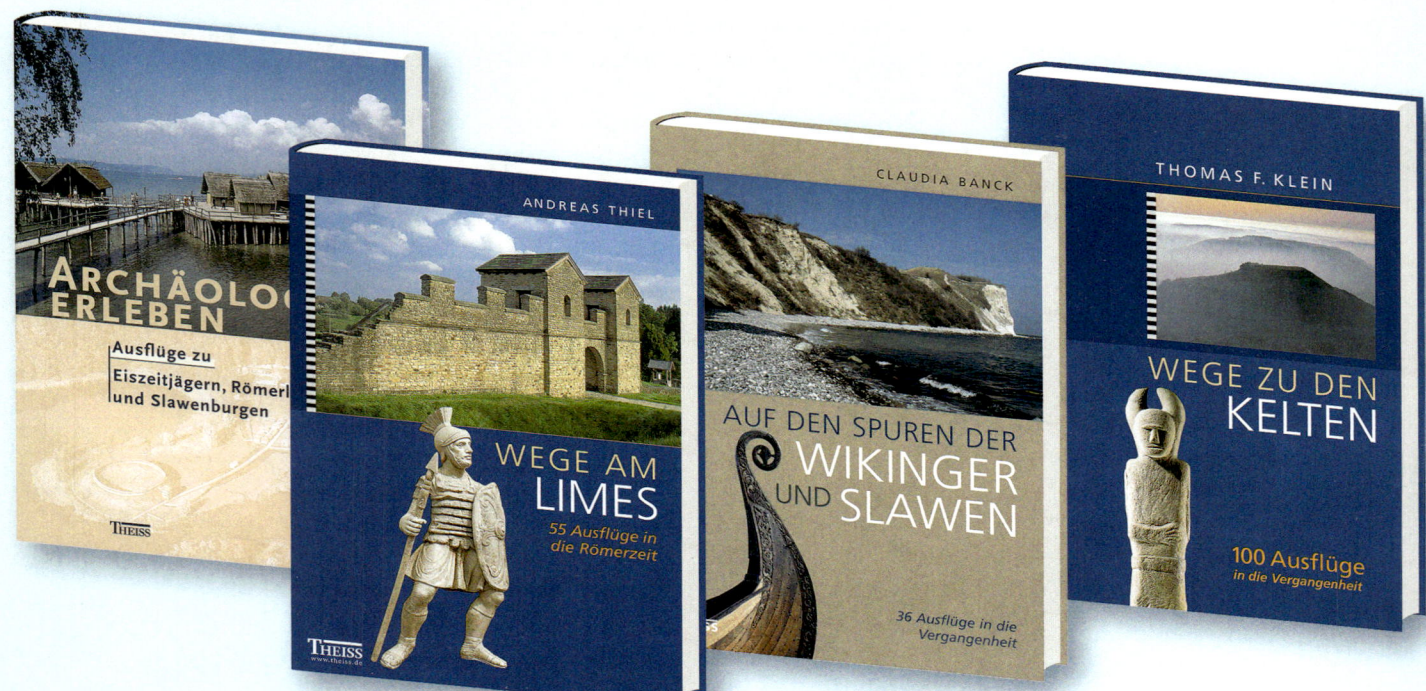

ARCHÄOLOG ERLEBEN
Ausflüge zu Eiszeitjägern, Römerl und Slawenburgen
THEISS

ANDREAS THIEL
WEGE AM LIMES
55 Ausflüge in die Römerzeit
THEISS
www.theiss.de

CLAUDIA BANCK
AUF DEN SPUREN DER WIKINGER UND SLAWEN
36 Ausflüge in die Vergangenheit

THOMAS F. KLEIN
WEGE ZU DEN KELTEN
100 Ausflüge in die Vergangenheit

Archäologie erleben

Ausflüge zu Eiszeitjägern, Römerlagern und Slawenburgen

Kommen Sie mit auf eine Reise in die Vergangenheit zu den bedeutendsten archäologischen Zielen in Deutschland. Sie machen Halt in Aalen, Badenweiler, Glauburg, Trier, Weißenburg und vielen weiteren Orten. Touristische Informationen wie Anfahrts- und Parkmöglichkeiten, Führungen etc. werden zu allen Objekten vermittelt.

Hrsg. von A. Wais u.a. 176 S., 180 meist farbige Abb.

Wege am Limes

55 Ausflüge in die Römerzeit

Der praktische und informative Führer mit 55 Ausflügen zu Wachttürmen, Wallanlagen, Palisaden und Kastellen des obergermanisch-rätischen Limes. Mit wichtigen Besucherinformationen, Wandervorschlägen, nützlichen Karten und zahlreichen Fotos. Ein handlicher Reisebegleiter und kompaktes Überblickswerk zugleich.

Von A. Thiel. 160 S., 100 farbige Abb., Karten.

Auf den Spuren der Wikinger und Slawen

36 Ausflüge in die Vergangenheit

Unterwegs zu Slawenburgen, Wikingerschiffen und vorchristlichen Kultplätzen: Erleben Sie in 36 Ausflügen von Schleswig über Lübeck bis Usedom, von Kap Arkona über Berlin bis nach Görlitz ein spannendes Kapitel unserer Geschichte direkt vor Ort. Informativ und handlich, mit vielen wichtigen Besucherinfos.

Von C. Banck. 160 S., ca. 100 farbige Abb., Karten.

Wege zu den Kelten

100 Ausflüge in die Vergangenheit

Zu Fürstengräbern, Höhensiedlungen und Viereckschanzen: ein kompakter, kurzer Überblick zur keltischen Kultur und Geschichte und Führer zu den wichtigsten keltischen Hinterlassenschaften in Deutschland, Österreich, der Schweiz, Ostfrankreich und Luxemburg. Der ideale Reisebegleiter.

Von T. F. Klein. 176 S., 100 meist farbige Abb., Skizzen und Karten.

 **THEISS**